Jacques Rancière
Les écarts du cinéma

映画の隔たり

ジャック・ランシエール
堀 潤之＝訳

青土社

映画の隔たり　目次

第三部　映画作品の政治学

映画の隔たり

凡例

- 本書は、Jacques Rancière, *Les Écarts du cinéma*, Paris: La Fabrique éditions, 2011 の全訳である。
- 原註は（1）（2）……、訳註は〔1〕〔2〕……で示し、各章の末尾にそれぞれまとめて掲げた。
- 本文中の〔　〕は訳者による補足である。
- 〈　〉は大文字で始まる単語を表すほか、意味のまとまりを明確化するためにも用いた。
- 本文には、議論の脈絡をたどりやすくするために、訳者の判断で小見出しを付加した。
- 映画作品のタイトルは、原則として日本公開時の邦題に従い、未公開作品については原題を直訳した。
- 各作品の原題および公開年については、巻末の映画作品名索引を参照されたい。

序言

ある映画的遍歴

ある日、私にも賞をもらうということが起こった。遠い昔に高校を卒業して以来、初めてのことだった。しかも、拙著『映画的寓話[1]』が受賞したのは、イタリアにおいてだった。この結合には、私の映画との関係について何か明らかにするものがあるように思われた。私が第七芸術のことを学習するにあたって、イタリアという国はさまざまな仕方で重要だったからである。まずもちろんロッセリーニがいて、私は一九六四年の冬のある晩、『ヨーロッパ一九五一年』に打ちのめされながらも、それと同じくらい、ブルジョワジーが労働者階級を通じて聖性に至るという道筋に抵抗を覚えていた。それから、シネフィルでイタリア研究をしていた友人が当時ローマから送ってくれていた本や雑誌があり、私はそれを活用して、映画の理論とマルクス主義とイタリア語を同時に学ぼうとしていた。さらに、ナポリのビストロの奇妙な奥の間で、たるんだシーツのようなものにジェームズ・キャグニーとジョン・デレクが映し出されて、二人がイタリア語を話していることもあった。ニコラス・レイの『断頭台の影に〔A l'ombra del patibolo〕』という映画——純粋主義者には*Run for Cover*という原題がよいだろう〔邦題『追われる男』〕——が吹き替えの白黒版で上映されていたのだった。

思いがけず賞を受け取ってこうした思い出が蘇ってきたのは、単に状況に促されたからではないし、今日それに言及するのは、遠い昔の歳月に対して感傷の心が動いたからでもなく、それが映画に対する私のアプローチの特異性をかなりうまく描き出しているからである。映画は、私が哲学者や批評家としてじっくり取り組むような対象ではなかった。私の映画との関係は、先に挙げた三つの思い出によって見極められるような、出会いと隔たりの戯れなのだ。実際、それらの思い出が要約しているのは、映画と芸術、映画と政治、映画と理論のそれぞれの間にみられる三種類の隔たりであり、私はそれらの隔たりのただ中で映画について語ろうとしてきたのである。

第一の隔たりは、ニコラス・レイを上映していたその場しのぎの劇場が象徴するもので、すなわちシネフィリー〔=映画愛〕という隔たりである。シネフィリーとは、理論よりも情熱に関わりがあるような、映画との関係のことを指す。情熱が分別を欠くのは周知のことであり、シネフィリーとは一般に認められているさまざまな分別の攪乱だった。まずは場所の攪乱がある。一本の奇妙な対角線によって、一つの芸術の記憶が保存されているシネマテークと、蔑まれていたあれこれのハリウッド映画が上映される遠く離れた街場の映画館——もっとも、シネフィルはまさにそのような映画館で、西部劇における騎行や、銀行強盗や、子供の微笑みの強度のうちに、自分にとっての宝を見分けていた——が繋げられるのだ。シネフィリーは、映画が卓越した文化の仲間入りをするための諸々の基準を退けることで、芸術崇拝を、娯楽や感情の民主主義と結びつけていた。映画の偉大さは、それが扱う主題の形而上学的な高尚さや、それがもたらす造形的効果の可視性のうちにではなく、あれやこれやの伝統的な物語や感情をイメージで表すやり方の、感じ取れないほどかすかな差異のうちにある、というのがシネフィリーの主張だったのである。シネフィリーはその差異を「演出《ミザンセーヌ》」と名付けたが、それによって何を言わんとしたかったのかよく分かっていたわけではなかった。自分の好きなものが何なのか、それを好きなのはなぜなのかが分からないというのは、情熱に固有の特性であると言われるが、それはある種の叡智に達する道でもある。シネフィリーは、みずからの愛の数々を説明するにあたって、「世界への関わり」を打ち立てるものとしての演出というかなり粗雑な現象学に頼るほかなかったが、それによって芸術の思考の支配的な諸カテゴリーを再審に付していたのである。二〇世紀の芸術はしばしば、モダニズムのパラダイムに従って記述される。つまり、近代的《モダン》な芸術革命とは、各々の芸術がおのれに固有のメディウムへと集中し、その集中を生の商業的な美学化の諸形式と対立させるものであるとみなすパラダイムのことである。一九六〇年代になると、芸術の自律性に対する政治面からの嫌疑と、商業的・広告的な諸形態の侵入という二つの打撃が合わさることで、そのようなモデルニテが崩壊するに至る。モダニズムの純粋性がポストモダンの〈何でもあり〉によって打ち負かされるというこの物語は、映画のような

〈他の場〉においては境界の攪乱がより複雑な仕方でなされたということを忘却している。シネフィリーが芸術のモダニズムの諸カテゴリーを再審に付したのは、偉大な芸術を嘲弄することによってではなく、芸術の刻印と、叙述がもたらす感情と、そして最も取るに足らない光景——カーテンを持ち上げたり、ドアノブを弄くったりする手や、窓の方に傾げた首や、夜の灯火やヘッドライトや、酒場のカウンターで音を立てるグラス、等々——が薄暗い館内の中央で照らされるスクリーン上で取りうる壮麗さの発見との、より親密でより目立たない結び目へと回帰することによってだった。シネフィリーはこうして、芸術の不純さに対する積極的な理解——皮肉のこもった理解や、醒めきった理解ではいささかもなく——への手招きをしていたのである。

シネフィリーがそのようにふるまっていたのは、おそらく、それがこれこれの感情をもたらす理由と、世界の軋轢のなかで自分の政治的な立ち位置を定めることを可能にする諸々の動機との間に、どのような関係があるのかを考えるのが難しかったからだろう。『ムーンフリート』のジョン・モフーン少年の微笑みと眼差しが、偽の友人ジェレミー・フォックスがめぐらす策謀に対して取り戻す平等の形式——一九六〇年代初頭にマルクス主義を発見することになる一人の学生が、いったい、社会的不平等に対する闘いとのどのような関係をそれに割り振ることができただろうか。『ウィンチェスター銃'73』の主人公が人殺しの兄に対して何かに取り憑かれたかのように追い求める正義や、『死の谷』で鎮圧部隊によって岩場の上に追い詰められた無法者のウェス・マックイーンとお転婆娘コロラドの結び合わされた手——これらと、搾取のはびこる世界に対する新たな労働者社会の闘いとの間に、いかなる関係を見出せるのか。両者を結合するためには、労働者たちの闘いに根拠を与える史的唯物論と、映画において身体がそれを取り巻く空間との間に取り持つ関係をめぐる唯物論との間に、不可思議な適合を仮定しなければならなかった。まさにその点においてて、『ヨーロッパ一九五一年』の示す見通し《ヴィジョン》は動揺をもたらしたのだった。イレーネが自分のブルジョワ的な邸宅から労働者の住む郊外の建物と工場に赴くという道筋は、ひとまず、まさにその二つの唯物論を結び合わせているようにみえた。危険を冒して見知らぬ空間に少しずつ踏み込んでいくヒロインの物理的な足取りによって、筋立ての進行とカメラの作業は、労働と抑圧の世界の発見と一致していた。だが残念なことに、きれいに引かれた唯物論的な直線は、イレーネが階段を上って教会の方へ行き、そこから降りて、肺病を患う娼婦と、慈善行為と、聖性に至る精神的な道程の方に送り返されるときに断ち切られてしまったのである。

だとするなら、演出の唯物論は、監督の個人的なイデオロギーによって逸らされたと言わねばならなかった。かつてのマルクス主義で、反動的なバルザックが、それにもかかわらず資本主義社会の現実を描き出したことを褒めるという議論があったが、その新たなヴァージョンである。だが当時は、真の唯物論者は望まずして唯物論者である者だけだと仄めかすマルクス主義美学の不確かさが、シネフィル的な美学の不確かさをいっそう強めていた。同じ時期に私が『全線』を見て困り果てたのも、まさにその「唯物論者をめぐる」逆説を確証しているように思われた。『全線』で乳が迸り、夥しい数の子豚が恍惚とした母豚の乳を飲むさまに私は嫌悪を覚え、場内の観客もせせら笑っていたが、私も含めてそこに居合わせた人々の大半は共産主義に対して好感を抱き、集団化された農業の長所を信じていたはずなのだ。戦闘的映画が説得するのは、すでに確信を持っている人だけであるとよく言われるが、この共産主義映画の精髄にあたる箇所がまさにそのような人々に対して否定的な効果を生み出すとき、何を言えばよいのだろうか。とすると、シネフィリーと共産主義の隔たりが縮まるのは、溝口健二の『新・平家物語』のように、美学的な原則と社会的関係が私たちからはかなり離れているところに限られるように思われた。この映画の最後のシークェンスでは、戦友たちを引き連れた反抗的な息子［平清盛］が、自分の浮ついた母親が小高い野原でみずからの階級の遊興に加わっているところを通りかかり、「公家どもめ、踊りたいだけ踊っていろ！　明日はこの俺たちのものだ」という締め括りの言葉を発する。このシークェンスが私たちを魅了するのはおそらく、糾弾される旧世界の視覚的な魅力と、新しきものを告げる台詞の音声的な魅力を同時に味わわせてくれたからだろう。

隔たりの体系としての映画

いかにして隔たりを縮めるのか、スクリーンに映写される影から得られる快楽と、ある一つの芸術にそなわる知性と、ある一つの世界観にそなわる知性との間の適合をいかにして思考すればよいのか——当時はそれを映画の理論に尋ねることができると考えられていた。だが、マルクス主義理論の古典と映画をめぐる思考の古典をどのように組み合わせても、私には『ヨーロッパ一九五一年』の」あの階段の上り下りの性格が観念論的か唯物論的か、進歩的か反動的かを判断できなかったし、どう組み合わせたところで、映画にあって何が芸術的で何がそうでないかを分かつ基準を明確化することも、一つのショットに、あるいは二つのショットの連鎖のうちに身体を配置することによってもたらされる政治的メッセージに関して判断を下すことも決してできないだろう。

とすると、おそらく視点をひっくり返して、「映画の理論」の名の下で、芸術と、感情の形式と、一貫した世界観との間にどんな統一性が探し求められているのか、と問わねばならなかったのだろう。つまり、映画が存在するとしても、それはまさしく、同じ名前が付いていながら、同じ身体に属する手足というわけではない諸々の事柄の間の、還元不可能な隔たりの体系という形を取っているのではないか、と自問しなければならなかったのである。実際、映画は多数の事柄を指している。映画とは、影のスペクタクルを楽しみに行く具体的な場所のことであり――もっとも、その影は、娯楽という尊大な言葉では表せないようなより秘められた感情でもって私たちの心を打つのだが――、そのような［影の］現前のうち、その現実性が消え去り、変質するにつれて、私たちの内部に積み重なり、堆積する部分のことでもある――私たちの思い出や言葉が再構成するそうした〈他の映画〉は、映写の際に繰り広げられたものとは著しく異なる場合すらある。映画とはまた、一つのイデオロギー装置として、社会に流布するイメージ、社会がその現在の類型と、過去の伝説と、みずから思い描いている未来とをそこに認めるイメージを生み出すものでもある。映画とはさらに、ある一つの芸術の概念、すなわち、産業的なノウハウに基づく製品のただ中で、芸術の大いなる王国の住人であるとみなされるに値する製品を分け隔てる、問題含みの分割線の概念でもある。それだけでなく、映画とはユートピアでもある——一九二〇年代に普遍的な大交響楽として、つまり芸術、労働、共同体を一緒くたに活気づけるエネルギーの模範的な表明として称揚された、運動の記述《エクリチュール》でもあるのだ。最後に映画とは、ジル・ドゥルーズにおいてそうであるように、哲学的概念にして、事物と思考の運動それ自体の理論でもありうる——ドゥルーズの二冊の本『シネマ』は、一頁ごとに映画作品とその手続きのことを語りながら、映画の理論でも映画の哲学でもなく、まさに形而上学であるのだから。

あらゆる統一的な理論を退けるこうした多数性は、さまざまな反応を引き起こす。なかには、藁屑から穀物を選り分けようとする人々もいる。彼らは映画芸術に属するものと、レジャーやプロパガンダの産業に属するもの、あるいは、フォトグラムやショットやカメラの動きの総体としての、モニターに向き合って研究する映画作品それ自体と、歪曲を招くような思い出や後付けされた言葉を区別したがるのだ。おそらく、そのような厳密さは近視眼的というものだろう。芸術だけにとどまるといっても、そのとき忘却されてしまうのは、芸術そのものが、絶えず横切られることなしには存在できないような不安定な境界としてしか存在しないということだ。映画は芸術の美学的体制に属しているが、そこではもはや、美術《ボーザール》と機械芸術を区別し、それぞれの芸術をしかるべき場に据えていた旧来の表象の基準は存在しない。映画が属している芸術の体制では、新たな諸形態の純粋さは、しばしばパントマイムやサーカスや商業的な図案にそのモデルを見出したのだ。一本の映画を構成するショットや手続きだけにとどまるといっても、そのとき忘却されてしまうのは、映画はそれが一つの世界である限りにおいて芸術であるということだ。すなわち、映写の瞬間のうちに雲散霧消していくそれらのショットや効果は、映写の際の物質的な現実を超えたところで共有される一つの世界としての映画を存立させる思い出や言葉によって、延長され、変容させられる必要があるのだ。

映画について書くことは、私にとって、次のような一見相反する二つの立場を同時に取ることである。第一の立場は、上述のあらゆる映画を取りまとめるような概念、そうしたさまざまな映画が提起するあらゆる問題を統一するような理論は存在しない、というものだ。ジル・ドゥルーズの二巻本を結びつける『シネマ』という書名と、幕間のアイスクリームによって隔てられつつ、ニュース映画、記録映画、本篇を順番に流す、往年の赤い座席の大劇場との間には、同じ名前で呼ばれるという関係しかない、というわけである。もう一つの立場は逆に、名前が同じであれば必ず、思考の共通の空間がしつらえられるのであり、映画の思考とはそれらの空間を循環し、それらの隔たりのただ中で考え、二つの映画、ないし二種類の「映画の問題」の間のあれこれの結び目を定めようと努める思考の謂いである、と主張する。この後者の立場は、アマチュアの立場だと言ってもよい。映画の理論だろうと美学だろうと、私は映画を教えたことは一度もなく、人生のさまざまな時期に映画との出会いを果たしてきた——一九六〇年代にはシネフィル的な熱狂の高まりにおいて、一九七〇年代には映画と歴史の関係について問いかけつつ、あるいは一九九〇年代には第七芸術のことを思考するのに有用な、美学的パラダイムをめぐる問題提起をしながら。だが、アマチュアの立場とは、理論の灰色の厳密さに対して経験的な多様性の豊かさを突き付ける折衷主義者の立場ではない。アマチュア主義とは、専門家たちの権威を退けて、彼らの領域の境界線が、経験と知の交叉する地点でいかに引かれているのかを再検討するような、理論的かつ政治的な立場でもあるのだ。アマチュアの政治学が断言するのは、映画はその名によってしつらえられる諸々の隔たりの体系内を何らかの仕方で旅してきたあらゆる人々に属するものであり、その地形図《トポグラフィー》の任意の地点間に、〈世界としての映画〉とその知識を豊かにするような特異な道程を誰が描いても差し支えない、ということである。

そのようなわけで、私は別の本で、映画の理論ではなく「映画的寓話」について語ったのだった。階層秩序《ヒエラルキー》なき世界のただ中に身を置きたかったのである――私たちの知覚、感情、言葉によって再構成される映画作品が、フィルムに刻み込まれている映画作品と同じくらい重要であるような世界、映画の理論や美学がそれ自体、映画の多様な実存によって引き起こされた物語であり、思考の特異な冒険であるとみなされるような世界のただ中に。私は四、五〇年間にわたって、新作映画や、映画をめぐる新たな言説を発見する一方で、映画作品やショットや台詞の多少なりとも歪曲された記憶を保ち続けてきた。自分の思い出を実際の映画作品と突き合わせたり、あるいは映画作品の解釈をし直す機会はさまざまにあった。ニコラス・レイの『夜の人々』を見直して、ガレージの戸口でボウイがキーチーと出会う瞬間のはっとするような印象を再び見出そうとしたこともあったが、そんなショットは存在しないので見つけることはできなかった。それでも私は、その空想上のショットのうちに自分が凝縮させていた、叙述《レシ》の中断がもたらす特異な力を理解しようと努めた。[2]
『ヨーロッパ一九五一年』を見直す機会は二度あった。一度目は、自分が最初に施した解釈をひっくり返して、イレーネが脇に逸れていく歩みを有効なものと認めるためだった。そのイレーネの歩みは、共産主義を奉じるジャーナリストである従兄弟によって自分のために整備された労働者社会の地形図《トポグラフィー》から抜け出して、社会的環境の光景がもはや、権力やメディアや社会科学によって練り上げられた思考図式に閉じ込められていないような、向こう側へと渡るものだったのである。二度目は、社会図式に基づいた表象と、芸術における表象不可能なものとが、あまりにも安易に対比されているのを再審に付すためだった。[3] 私はアンソニー・マンの西部劇をひととおり見直して、何が私を魅了したのかを理解しようとした。馬に乗って広い空間を踏破することに子供じみた喜びを感じたり、芸術の紋切型の基準を歪めるという点に青年期特有の快楽を覚えることがあったにせよ、私を魅了したのは何よりも、二つの事柄――つまり、再認《アナグノーリシス》と物語の急展開《ペリペティア》を通じて各人にしかるべく幸福や不幸が訪れるという、筋立てのアリストテレス的な厳密さと、数々の主人公を演じるジェームズ・スチュワートの身体が、まさしく彼の身振りの綿密さによって、行為《アクション》＝筋の厳密さに意味を与えている倫理的な世界を逃れている仕方――が完璧な均衡を保っているということだった。[4] 私は『全線』を見直して、三〇年前に自分がなぜあれほど激しい嫌悪を覚えたのかを理解した。それは映画のイデオロギー的内容のせいではなく、そもそも映画術《シネマトグラフィー》が、可視的なものに固有の言語のうちに思考を直接的に翻訳するものと理解されているという、同作の形式それ自体のせいだったのである。この作品を評価するには、迸る乳も子豚の群も、実際のところは迸る乳でも子豚でもなく、ある新しい言語の理想的な表意文字であることを理解しておくべきだったのだ。この言語への信頼は、農業集団化への信頼よりも前に消え去っていた。だからこそ、『全線』は一九六〇年の時点で身体的に耐え難かったのであり、同作の美しさを摑み取るためには、おそらく、社会制度の破局を生き延びて、ある一つの言語の壮麗なユートピアだけを作品内に見て取るのを待たなければならなかったのだ[5]。

映画と文学の夢

以上のような遍歴と回帰に基づいて、〈映画的寓話〉という用語が意味する中核的要素をはっきりさせることが可能となった。この名前がまず思い起こさせるのは、映画の隔たりの起源にある緊張、つまり芸術と物語の間の緊張である。映画が誕生したのは、物語に大いなる嫌疑がかけられた時代、すなわち、もはや物語を語ることも、事物の光景《スペクタクル》を描写することも、作中人物の心理状態を提示することもない代わりに、思考が生み出すものをじかに諸形態の運動のうちに刻印するような、新しい芸術が生まれつつあると考えられていた時代のことだった。映画は当時、その夢を実現するのに最もふさわしい芸術として登場した。「映画は真実で、物語は嘘である」とジャン・エプシュタインは言った。その真実の何たるかは、いろいろなやり方で理解することができた。それはジャン・エプシュタインにとっては光の記述《エクリチュール》であり、フィルム上に刻印されるのは、もはや事物のイメージではなく、エネルギーの非物質性へと帰着させられた可感的な物質の揺らめきであった。それはエイゼンシュテインにとっては、思考を可感的な刺戟へとじかに翻訳する、一つの表意文字的な言語であり、その刺戟こそがソヴィエト的意識をトラクターのように耕すのだった。それはヴェルトフにとっては、共産主義の可感的な現実を構築するありとあらゆる身振りの間にぴんと張られた糸であった。映画の「理論」なるものがあったとすれば、それはまずもって映画のユートピアだったのであり、すなわち、可感的世界の合理的な再組織化がその世界のエネルギーの運動それ自体とぴったり一致するような新時代にふさわしい、運動の記述《エクリチュール》という考えだったのだ。

［ところが］ソヴィエトの芸術家たちが〈新しい人間〉の肯定的イメージを生み出すよう懇願され、ドイツの映画作家たちがみずからの光と影をハリウッド産業のフォーマット化された物語へと投影しに行ったとき、どうやら約束はひっくり返ったようだった。反表象的な新しい芸術になるはずだった映画は、まったく正反対のことをしているようにみえた。映画が諸行為の連鎖や、心理学的な図式や、表出のコードといった、他の芸術が打破しようと努めていたものを復活させていたからである。モンタージュは新しい世界の新しい言語の夢であったのに、ハリウッドにおいては、語りの芸術の伝統的な機能に逆戻りしてしまったようだった。諸行為をデクパージュによって示し、

さまざまな情動を強烈なものとすることで、愛と流血の物語に対する観客の同一化が確固たるものになる、というわけである。こうした事の成り行きはさまざまな懐疑を生むこととなり、失墜した芸術に冷めた眼差しが投げかけられるかと思えば、逆に新しい言語の夢が皮肉まじりに再検討されることもあった。さらには、こうした変遷によって、映画はその真の使命を取り戻すはずだという夢がさまざまな仕方で育まれもした――ブレッソンにおいては、シネマトグラフに固有の精神的なモンタージュ／自動現象《オートマティスム》と、映画《シネマ》における演劇的な演技との根本的な切断が再び確立されたし、逆にロッセリーニやアンドレ・バザンにおいては、映画はまずもって世界に向けて開かれた窓であるべきだ、つまり世界を解読したり、世界の見せかけそれ自体のうちに世界の真理を啓示させる一手段であるべきだ、と主張されたのである。

私は、こうした時代区分や対立を見直すことが必要であると考えた。映画が反表象的な新しい芸術という約束を確固たるものにすることがなかったとしても、それはおそらく、商業の掟に屈したからではなく、映画を感覚の言語と同一視するという意志それ自体が矛盾を孕んでいたからなのだ。映画は一世紀にわたる文学の夢をかなえることを求められていた。つまり、往年の物語と作中人物を、事物の上に書かれた諸々の記号の非人称的な展開［déploiement］や、世界の速度や強度の復元によって置き換える、ということだ。しかし文学がこの夢の媒介となりえていたのは、事物とその可感的な強度をめぐる文学の言説が、言葉の二重の戯れ――言葉は精神のうちに可感的な豊かさを煌めかせながら、その可感的な豊かさを視線からは隠してしまう――に組み込まれた状態にとどまっていたからである。しかるに映画は、ただそれが示すものを示すのだ。映画が文学の夢を再び取り上げるには、その夢を冗語法で言い表すほかなかった。映画においては、［エイゼンシュテインがそう望んだように］子豚は同時に子豚であり言葉でもあることはできないのである。シネマトグラフの芸術は、その機構に特有の力能［puissance］の展開でしかありえないが、［実際には］諸々の隔たりや不適切さの戯れを通じて存在している。本書が試みるのは、そのいくつかの側面を三重の関係を通じて分析することである。その三重の関係とは、まず映画と文学の関係であり――文学は映画に語りの数々のモデルを提供し、映画は文学から自由になろうとする――、さらには映画と、この芸術が紛れ込んでいく先であるとしばしば判断される二つの極との関係でもある。その一方の極では、映画はおのれの力を縮減して、ただ娯楽のためにのみそれを役立てる。もう一方の極では、映画は逆に、おのれの力を越え出て、思想を伝達したり、政治のレッスンをすることを望む。

本書の概要

映画が文学との間に取り持つ関係は、ここではかなり異なる詩学から借りてこられた二つの事例によって説明される。一つは古典的な語りに基づくヒッチコックの映画《シネマ》で、ある推理ものの筋立てから、幻影を作り出した後に消失させることのできる一連の操作のあらましを取り上げている。もう一つはブレッソンのモダニズム的な映画術で、文学のテクストを拠りどころとしつつ、イメージの言語にそなわる特異性を論証するような映画を構築しようとする。しかし、どちらの試みも、異なった仕方で、それぞれの対象からの抵抗を受けるのである。『めまい』の二つのシーンでは、知の陰謀の叙述と視覚的な眩惑の演出を一致させようとするサスペンスの達人の巧妙さは、難点のあるものとなる。この難点は、いささかも偶発的なものではなく、示すことと言うことの間の関係そのものに関わっている。名手《ヴィルトゥオーソ》は、自分が翻案する作品の「文学的」核心をなすものと出会うところで不器用になるのだ。実際、推理小説は二重の対象であり、手がかりを真理にまで導くことで見せかけを消失させる語りの論理のモデルであるとみなされながら、その正反対のもの、つまり諸原因からの離脱と意味のエントロピー〔の増大〕の論理にも侵されている――偉大な文学は、後者の論理に含まれるウイルスを「マイナー」な諸ジャンルに伝染させた。それというのも、文学とは単なる物語の貯蔵庫や物語を語る仕方にすぎないのではなく、物語が到来し、出来事が連鎖し、見せかけが展開しうるような世界そのものを構築する一つのやり方だからである。その証拠を別の仕方で与えてくれるのは、自然主義の偉大な伝統を継承したある一篇の文学作品を翻案するブレッソンである。『少女ムシェット』では、イメージの言語と言葉の言語の関係があべこべに作動している。「表象」の危険を追い払うことに向けられた断片化という方針と、この映画作家が自分のスクリーンから、イメージにそなわる過剰な文学性を一掃しようとする際の入念さは、逆説的な結果を招いて、イメージの運動を、言葉の芸術がそこから解放されていたところの語りの連鎖の諸形態に従属させてしまうのだ。だとするなら、語る身体のパフォーマンスこそが、可視的なものにその失われた厚みを返却するはずだが、そのためには、シネマトグラフの「モデル」と「映画に撮られた演劇〔théâtre filmé〕」の俳優という、この映画作家自身によるあまりにも単純な対立を退けなければならない。ブレッソンが演劇の悪習の数々を〔『やさしい女』における〕『ハムレット』の吟遊詩人《トルバドゥール》風の上演によって象徴的に表しているとしても、彼がムシェットに与えている発声法の力は、ブレヒトの演劇を継承する映画作家であるジャン＝マリ・ストローブとダニエル・ユイレが、パヴェーゼやヴィットリーニの書く台詞から借り受けた労働者、農民、羊飼いたちに付与する発声法の力と秘かな出会いを果たすようになる。とすると、文学性、映画術、演劇性は特有の芸術に固有のものとしてではなく、諸々の美学的形象として、言葉の力能と可視的なものの力能の間、物語の連鎖と身体の運動の間の関係として登場し、諸芸術に割り当てられた境界を横切っていく。

どのような身体を用いれば、あるテクストの力能を伝達できるのか——これはロッセリーニがテレビを使って哲学者たちの思考を大衆にもたらそうとするときに直面した問題でもある。困難が生じるのは、イメージの平板さが思考の奥深さに逆らうからではなく——一般にはそう考えられているのだが——、イメージと思考のどちらにも固有の濃密さがあるがゆえに、両者の間に単純な因果関係を設けられないからである。そのためロッセリーニは、〔思考の〕濃密さを、もう一つの濃密さの諸形態のうちに感じ取らせるために、それぞれの哲学者に特定の身体を与えなければならない。意味の二つの体制間のこうした移行は、映画芸術が、ミネリとともに、芸術と娯楽の関係を演出し〔＝舞台に乗せ〕、さらには歌に乗せる場合にもやはり作動している。芸術がどこで終わり、娯楽がどこから始まるのかを知るなどというのは偽の問題であり、そのような問題は芸術的モデルニテの擁護者が軽業師たちの完璧な技芸《アート》を持ち上げて、物語がもたらす時代遅れの感情を退けてからは姿を消したと考えることもできたかもしれないが、このミュージカル・コメディの達人が示してくれるのは、大文字の〈芸術《アート》〉であれ小文字の技芸《アート》であれ、芸術の作業とはことごとく、一方から他方への移り変わりを構築することである、ということなのだ。純粋なパフォーマンスとは、影の芸術たる映画が糧としている、諸形態の戯れと物語がもたらす感情との間の緊張が向かっていく先のユートピア的な極限――緊張がそこで消滅するには至らないにしても――なのである。

このユートピア的な極限は、芸術と人生と政治の間の隔たりを消去することができると映画に信じ込ませたものでもある。ジガ・ヴェルトフの映画は、映画は現実の共産主義として、すなわちあらゆる運動どうしの結びつきの運動それ自体として作動するという思考の申し分のない事例を提示している。この映画的共産主義は、物語を語る芸術と戦略家たちの政治をどちらも退けるので、いずれの領域の専門家にも不快感を与えるほかなかったが、それでもなお、映画と政治の間の未解決の緊張を思考することを可能にする根本的な隔たりであり続けている。［ところで］新しい生の新しい言語に信頼を寄せる時代がひとたび過ぎ去ると、映画の政治学は、批判的芸術の期待に特有の諸矛盾にとらわれてしまった。人々が映画の諸々の曖昧さに向ける眼差しは、それ自体、人々が映画に期待している事柄の二重性に特徴づけられている。つまり、人々は映画が明晰な暴露によって意識を呼び覚ますことも、奇妙さの提示によってエネルギーを掻き立てることも期待するのだし、映画が世界の曖昧さをくまなく暴き出すことも、その曖昧さにいかに対処すればよいのかを明かすことも期待する。視覚の明晰さと行為のエネルギーの間に想定される関係の不明瞭さが、映画に投影されているのである。映画が行為を照らし出すことができるとすれば、それはおそらく、この関係の明証性を再検討することによってである。そのことをジャン＝マリ・ストローブとダニエル・ユイレは、正義のアポリアについて論証する務めを二人の羊飼いに委ねることによって行っている。ペドロ・コスタはどうかと言えば、カーボヴェルデ出身のある一人の職人が、労働を搾取されていた過去と失業中の現在、スラム街の色鮮やかな路地と公営住宅の白い立方体《ホワイトキューブ》の間を歩き回り、さまよい続けるという現実を作り直している。タル・ベーラは少女が死に向かって歩みを早めるさま――それは大いなる希望の欺瞞を端的に表している――をゆっくりとたどっている。タリク・テギアはアルジェリア西部で、測量士の綿密な図面と、繁栄が約束された土地に向かっている出稼ぎ労働者たちの長い行程とを交叉させている。映画は、誰か他の人々が変えなければならないような世界を提示するのではない。映画は独自のやり方で、事実の無言性と諸行為の連鎖、可視的なものの道理と可視的なものそれ自体との単なる同一性を結合する。芸術の諸形態が持ちうる政治的な有効性は、［映画の］政治学こそが、おのれ自身のシナリオのうちに構築するべきなのだ。反抗者たちの名において「明日はこの俺たちのものだ」と述べるのと同じ映画［『新・平家物語』］が、かろうじて提供できる明日はおのれ自身の明日でしかないということも際立たせているのである。溝口が別の作品『山椒大夫』で示してくれるのは、まさにこのことである。この作品は、地方のある国司の

『山椒大夫』（溝口健二、1954年）

家族の物語を語っている。彼は抑圧された農民たちに配慮を示したことで官職を追われる。妻は誘拐され、子供たちは炭鉱で働く奴隷として売られてしまう。息子の厨子王が逃亡できるように——そして囚われの母親と再会し、かつて〔父が〕約束したことを奴隷解放令によって達成するために——、厨子王の妹の安寿は湖の水の中にゆっくりと沈んでいく。だが、行為の論理はこうして行き着くところまで行くものの、そこは分岐点でもある。一方で映画は解放闘争に参加し、他方で湖の水面に円環〔のさざ波〕をなして消え去っていく。まさしくこうした二重の論理を、厨子王その人も取り戻すことになる——奴隷が解放されるやいなや辞職して、盲目となった母親を探しに島に行くことによって。映画のあらゆる隔たりは、『山椒大夫』の末尾のパノラミックの運動のうちに要約することができる。自由を得るための大いなる闘争を演出してきたこの映画作品は、そのパノラミックで私たちにこう告げているのだ。私ができるのはここまでだ、後はあなたがた次第だ、と。

訳註

［1］Jacques Rancière, *La Fable cinématographique*, Paris, Éditions du Seuil, 2001.（『映画的寓話』中村真人・堀潤之監訳、インスクリプト、近刊）

［2］『映画的寓話』所収の「不在のショット——ニコラス・レイの詩学」を参照。

［3］『民衆の国への短い旅』所収のロッセリーニ論「子供が殺される」（« Un enfant se tue », *Courts voyages au pays du peuple*, Seuil, 1990. p. 137–171）および『映画的寓話』所収の「転落する身体——ロッセリーニの物理学」を参照。

［4］『映画的寓話』所収の「なすべきいくつかのこと——アンソニー・マンの詩学」を参照。

［5］『映画的寓話』所収の「エイゼンシュテインの錯乱《フォリー》建築」を参照。

第一部　文学の後で

映画的なめまい——ヒッチコックからヴェルトフへ、そしてまたヒッチコックへ

運動するイメージの芸術を思考することは、何よりもまず、二つの運動の間の関係を思考することである。つまり、イメージが視覚的に繰り広げられていくという映画に固有の事柄と、筋立てを語る芸術をより広範に特徴づけるような、見せかけの展開および消失のプロセスがどのような関係にあるのかを考える、ということだ。西洋の伝統において、後者の運動は、逆転というアリストテレス的な論理によって支配されてきた。その論理に従えば、諸行為の連鎖としての筋立ては、何らかの意味作用を持ち、何らかの目的＝結末［fin］に達しそうなものだが、その連鎖をたどっていくと、期待が打ち消される地点に行き着いてしまう。原因どうしの結びつきからは、そこから生じると思われていたのとはまったく異なる結果が生み出され、知が無知に、無知が知となり、成功は災いに、逆境は僥倖に姿を変えるのである。見せかけの中に潜む真理の暴露というこのような論理に、視覚的に繰り広げられていく運動するイメージは、どのように寄り添うことができるのだろうか。私は、二つの運動の調整が完璧きわまりないようにみえるときにも、実はそこにある欠陥が含

まれていることを示そうと思う。そしてその欠陥に、どのような哲学的な意味合いとどのような政治的賭け金があるのかを理解するべく努めてみたい。それゆえ私は、視覚〔vision〕と運動と真理の関係について語ることになるだろう。同時に、映画、哲学、文学、共産主義の関係についても語らなければならないだろう。

『めまい』における語りの欠陥

そのための出発点として、映画的イメージの運動と見せかけに隠された真理の啓示とを模範的な仕方で結びつけていると思われる一人の作家と一本の映画作品を取り上げることにしよう。アルフレッド・ヒッチコックは、他のどんな映画作家よりも巧みに、運動するイメージの視覚的な驚異を、観客の期待を引き起こしてはその裏をかく行為《アクション》というアリストテレス的なモデルに沿って構築された筋立てに奉仕させせた。そして『めまい』は、その技芸《アート》の極致とみなされている。筋立てを手短に思い起こしておこう。高所恐怖症に苦しんでいる主人公の元刑事スコティは、かつての学友に、妻のマデリンを尾行するよう頼まれる。彼女が自殺した祖先の女性〔曾祖母のカルロッタ〕に眩惑され、その真似をしたがっているからだ。スコティは尾行を始め、マデリンが死に眩惑されていることを確認するが、それだけでなく彼女と恋に落ちてしまう。スコティは溺死しかけた彼女を救うものの、鐘楼のてっぺんに誘い込まれたときには追跡することができずに、〔飛び降り自殺をした〕

彼女の身体がぺちゃんこになるのを遠くから見る。後にスコティは、マデリンに似ている娘ジュディと出会い、死んだマデリンそっくりに彼女を作り替えようとする。だが、その企てによって、スコティは自分がある策略の犠牲者だったことを理解するに至る。自分が尾行していた女性はマデリンに変装したジュディであり、彼女が自殺したと見せかけて、実は本物のマデリンが夫によって殺されていたのである。

この映画のイメージの展開は、ひとまず、物語の論理にぴったりと寄り添っているようにみえる。両者の一致は、ソール・バスが手がけたクレジット場面のうちにすでに要約されている。そこでは、抽象的な螺旋形の戯れが出現して、三つの楕円形を連結するが、それらは嘘をつく口、取り乱した目、魅力的な巻き髪《シニョン》という、たしかな肉体をそなえた現実を呼び起こす。このクレジット場面は、三つの眩暈――スコティの高所恐怖症、妻を殺した夫が彼女にはもともと自殺衝動があったと信じ込ませるために仕組んだ策略、そして偽のマデリンに対してスコティが覚える眩惑――を一致させることになる語りの論理を、視覚的に定式化したものなのである。『めまい』における視覚的な仕掛けのいっさいは、第一段階においては陰謀の作用に、第二段階においてはその露見の作用に奉仕するべく方向づけられているようにみえる。第一部の演出は、ある眼差しを捕獲することによって規定されている。レストランで、ある瞬間に、キム・ノヴァクの横顔が孤立して、周囲の状況とのいかなる関係からも切り離されて登場するのだ。これは理想的な世界に住まう女性の横顔であるとともに、計り知れない秘密を示す暗号でもある。こうして、ある眩惑について調査する刑事の眼差しが、その対象によってそれ自体、眩惑される眼差しへと変わっていくという逆転の口火が切られている。映画の第二部では、それとは逆の道筋がたどられる。つまり、スコティの「病気」の進行と一致するかたちで、マデリンの「病気」とされているものの正体が露見していく。スコティはみずからの幻影を追って、ジュディを視覚的にマデリンそっくりに作り替えることで、マデリンがジュディによって演じられた役柄にすぎなかったことを見出す。視覚的な眩惑が行き着くところまで行くことで、知の陰謀が露見するに至るのである。

このような結合が、ある芸術的な機構を完璧に仕上げたものとみなされうるのも当然だろう。男がイメージに眩惑されるというロマン主義的ないし象徴主義的なシナリオが、物語の急展開《ペリペティア》と再認《アナグノーリシス》を伴うアリストテレス的な筋立てのシナリオにまさに従属するに至っているのだから。しかし、この完璧な仕上げには、実はある一つの欠陥が潜んでいるのだ。ジル・ドゥルーズはそれ相応の理由に基づいて、ヒッチコック映画を運動イメージのシステムの到達点にしてその危機の指標とした。ヒッチコックは、ドゥルーズが言うには、精神的イメージを発明した。だが、精神的イメージが意味するのは二つの事柄である。一方でそれは、他のあらゆるイメージを枠取る超‐イメージである。ヒッチコックは、行動イメージ、知覚イメージ、情動イメージを、それらすべてを枠取り、変容させる関係のシステムの中に組み入れるのである。だが他方で精神的イメージとは、運動イメージの方向づけられた枠の外に出るイメージ、受け取った運動に対して運動の遂行によって応答するという図式の外に出るイメージである。『めまい』におけるスコティの眩暈や『裏窓』

の主人公のギプスをはめた足は、ドゥルーズにとっては、時間イメージの啓示へと至るような、運動図式の麻痺、つまり運動イメージの危機を象徴するものなのだ。実際、この二人の登場人物は、能動的な主人公から受動的な観客へと変容し、それによって運動イメージの方向づけられたシステムの崩壊と、映画における観想的な散策＝物語詩《バラード》の到来を先取りしている、というわけだ。

　しかし、行動イメージの「危機」を、作中人物を観想の側に移行させる「不具」と同一視する際のドゥルーズは、いささか性急である。というのも、「受動性」といっても二種類あり、それぞれの効果はまったく異なるからだ。スコティの高所恐怖症〔という身体的な受動性〕は、運動イメージの論理を崩壊させうるものであるどころか、陰謀が成功するためには不可欠なものである。だが、死に眩惑されているふりをする登場人物にスコティが眩惑されるというもう一種類の受動性は、陰謀に奉仕しながらも、それを超え出る力をもつのである。この受動性のことを私は先に、ロマン主義的ないし象徴主義的なシナリオ――それは、〔ある芸術的な〕機構のアリストテレス的なシナリオと絡み合っている――と呼んだのだった。映画作家はその技芸によって、前者を後者の手段としつつ、両者を正確に調整しようとする。第一部では、マデリンの出現や消滅、運動の加速や減速の絶えざる戯れによって眩惑が念入りに仕組まれることで、策略のスムーズな行使が可能になる。第二部では、死んだ女の正確な似姿《イメージ》を再び見出したいという、作中人物の狂おしい欲望が、真理の発見へと彼を導いていく。だが、事態をこのように提示すると、映画の視覚的物語は単純化されてしまう。実際、少なくとも二つのエピソードが、複数の論理の一致を難点のあるものとしている。それ

『めまい』（アルフレッド・ヒッチコック、1958年）

らは一方は眩惑について、もう一方は陰謀について、私たちに語りすぎているからだ。

　ちょうど第一部から第二部への転換点に位置する第一のエピソードでは、マデリンの死後にスコティが見る悪夢が描き出される――ここでヒッチコックは、『白い恐怖』でサルバドール・ダリが手がけた「シュルレアリスム的」な夢を思い出しているかのようだ。夢の核心にある祖先カルロッタのブーケは、スコティが美術館を訪れたとき肖像画の中に認めたものであり、自称マデリンがしきりに再現しようとしていたものである。夢の中では、ブーケが無数の花びらに破裂すると、続いてスコティの頭部が胴体から切り離され、空間を突っ切って空っぽの墓穴が彼を待ち受ける墓地へ、そして伝道所《ミッション》へと向かい、今度は自分自身の身体が屋根の上でぺちゃんこになる。このエピソードは、私たちにある居心地の悪さをもたらす。スコティの精神的な眩暈を感じさせるためには、おそらくここまでしなくてもよかったのである。眩暈の表象をこうして激化させることは、事実上の弱体化であり、実際それは眩暈を雲散霧消するべき悪夢に還元してしまう。そして第二部でたどられるのは、まさしく治癒のシナリオとなる。スコティは、死んだ女と合流するために塔のてっぺんから身投げすることもなければ、映画の原作となったボワローとナルスジャックによる小説『『死者の間から』』の主人公を模倣することもない。小説の主人公は、偽のマデリンに、自分はたしかに真のマデリンだった、男が愛していた死せる女——あるいは死神——だったと白状させようとして、ついに彼女を殺してしまうのだが、ヒッチコックと彼の脚本家は、真理へのより簡潔な関係、つまり陰謀の内容を白状するという関係を選択したのである。だがまさにその点、観客が真理を知るその瞬間に、語りにおける第二の欠陥が位置づけられる。実のところ、真理が露見するシーンは、一つではなく二つある。ジュディの首にかかる「マデリン」のネックレスに気づいたスコティが陰謀を見破り、ジュディの口を割らせようとするずっと前に、彼女自身が観客に向けてすべてを暴露している——シーンを回想することで、そして結局は送らずに破り捨てることになる告白の手紙を書くことで。そのシークェンスは、私たちにスコティと一緒に真理を発見させるのではなく、真理を説明してしまうことで、筋立ての完璧な仕上げを裏切っているのだ。しかも、この語りの過失は、真理の露見を二つに分ける手法の視覚的な重々しさによってより目立たせられている。つまり、殺人のイメージがもう一度ジュディの頭に思い浮かぶのをカメラが見せるだけでなく、彼女がスコティに手紙を書き、しかもその内容が——一九五八年の映画にしてはやや時代遅れの手法を使って——オフの声によって読まれるのである。

眩惑のシナリオとその拒絶

こうして、映画作家は二度にわたって、所有＝憑依［possession］のシナリオという直線を派手な効果と引き換えに断ち切り、腹黒い陰謀と病的な眩惑がもたらす二つの「眩暈」を切り離さなければならないのである。これらの余計なエピソードの場違いさは、映画を原作小説と比べることで明らかになる。小説においては、真理の露見は最終章でルネ――マデリンのふりをしていた女――によって一度きり行われるだけだし、ある一つの論理――眩惑の論理――にはっきりと特権が与えられている。実際、主人公は［マデリンの］「自殺」の目撃証人の役割を避けてしまうので、夫は自分の犯罪から何一つ得るところなく、差し迫った逮捕から逃れようとして死んでしまう。つまり、陰謀は失敗に終わるのである。残るのはただ一つの現実、死せる女に対する主人公の情熱、主人公が偽のマデリンを殺して彼女を真のマデリンとし、死において彼女と合流するように仕向ける情熱《パッション》＝受難である。そのような死への誘引を、原作本は明確に定められたコンテクストに位置づけている。主人公が情熱《パッション》＝受難にかられ、真のマデリンが殺害されるのは、ドイツ軍の戦車がパリに押し寄せる前触れであるかのように一九四〇年春のことであり、彼が偽のマデリンを発見して死に追いやるのは、ナチズムが瓦解する時期のマルセイユでの出来事なのだ。だが、この「推理」小説の筋立ては、より古くからあるモデル、文学に固有のあるシナリオに従っている。つまり、イメージや、イメージの背後に潜む力——死や、無に回帰するという意志——によって眩惑されるというシナリオのことである。『死者の間から』は、一九世紀末の文学とそのショーペンハウアー的な着想を遅まきながら継承した推理小説の系譜に属している。真理を露見することで見せかけを消失させるという、推理もののアリストテレス的な論理の背後には、幻影こそが人生の真理そのものであるとするニヒリスト的な論理がある、というわけだ。取るに足らぬ陰謀についての虚しい知の背後には、ただひたすら無への回帰、生命なきものへの回帰を欲する盲目的な欲望という真の陰謀がある。偽りの死せる女に恋する弁護士［の主人公］に取り憑いて離れない幻影は、人殺しの夫がたくらむ陰謀の秘密よりもずっと深い真理なのだ。夫の陰謀はいまだ、人生における嘘に属している——人生はそうした嘘によって、人生とはいろいろな目的を追い求めるものであると信じ込ませる。真理はそうした嘘を突き破って進まざるをえず、無なるものの告白、空虚なものの受諾へと至らせる。それこそが、ボワローとナルスジャックの主人公が偽のマデリンを引きずり込んでいく眩暈である。すべてはあたかも、真のマデリンが自分になりすました女を深淵に引きずり込んでいくかのように進行する。推理ものの筋立ては、こうしてイプセンの後期の戯曲の一つ、『ロスメルスホルム』の筋立てを連想させる。策を弄するレベッカの陰謀で自殺に追いやられた牧師ロスメルの妻は、死の向こう側から、夫とその傍らで自分の地位を奪った女を同じ急流に引きずり込んでいた。「マデリン」がセーヌ川やサンフランシスコ湾に飛び込むのは、ロスメルスホルムでの急流への飛び込みの継承であり、さらにそれ自体、ヴァーグナーの死にゆくイゾルデが歌う、無の「至上なる悦楽」への沈潜を継承したものである。人生における陰謀の背後にある真理とは、そうした取るに足らぬ陰謀を通じて人生がおのれを滅ぼすように仕向ける無意識のメカニズムを認識することにほかならないのだ。

イプセン、ストリンドベルイ、あるいはモーパッサンの時代の文学を特徴づけ、推理小説などのいわば二流ジャンルの著者たちがみずからの目的に適合させたこのニヒリズムを、ヒッチコックとその脚本家は拒んでいる。スコティは文字通りの意味でも譬喩的な意味でも、みずからの眩暈から解放されることになる。彼は陰謀を暴き、鐘楼のてっぺんに登るだろう。偽のマデリンを殺害することもなく、彼女の方が虚空に身を投げることになるだろう。彼女はスコティの病気に引きずり込まれることなく、罪ある者にふさわしく罰せられ、幻影にふさわしく無へと戻っていくだろう。ジュディの告白を通じて、演出家はみずからが幻影と眩暈を思いのままに作り出す至高の策略家であることを認めている——彼は想像力に絡め取られるというシナリオを弱めてでもそうするのだ。『間違えられた男』で彼はみずから映画の冒頭に登場し、これから語るのは実話であると告げていたが、ここでは逆に、スコティの悪夢とジュディの告白という不必要で過剰なエピソードが、もっぱらフィクションが問題になっているということを私たちに理解させるために置かれている。つまり、クレジット場面がかたどる螺旋形、スコティの高所恐怖症、マデリンの巻き髪、目くるめく陰謀、水や虚空への飛び込みはどれもこれも、同じ一つの策略の論理に属しているのであり、同時にそれが、筋立ての全体的な情動と、それぞれのショットの情動を調和させているのである。彼はそのため、視覚的にはほとんど満足の行かない力業を強いられる。たとえば告白のシークェンスは、ありそうもない仕方で、スコティの視点、マデリンの視点、そして両者を包含する真理の視点を混ぜ合わせている。こうした「ぎこちなさ」は、文学に対する映画のハンディキャップを示すものである。言葉は言葉でしかないので、おのれが作り出した見せかけをいつでも修正することができる。言葉の現実性の乏しさから文学が手に入れるそのような力——文学がそれを進んで活用し、人生の真理と嘘の同一性を示していることはよく理解できよう。映画は逆の状況下にあり、言葉が告げることのすべてを示し、それがもつあらゆる視覚的力能、可感的な刻印のあらゆる力を展開することができる。だが、この力の余剰には、厳密な意味で裏面がある。イメージの芸術は、言葉の芸術がしていること——つまり、足し算しながら引き算すること——がなかなかできないのだ。映画における足し算は足し算にとどまり、そのため見せかけの修正はつねに危険を伴う実践となる。『めまい』の四年後にジョン・フォードが手がけた『リバティ・バランスを射った男』のことを思い起こしてみよう。私たちは、未熟な弁護士ランス・ストッダードが銃を撃って悪党が倒れ込むのを見るが、後に真理を知ることになる。広場の反対側から再フレーミングされたシーンが私たちに示すのは、実際に悪党を殺したのは、物陰に身を潜めたトム・ドニファンだったということなのである。だがこの真理は判明するのが遅すぎて、私たちの目撃したことを取り消すことができず、かくして改竄の様相を呈する。『めまい』では、鐘楼の上で起こったことを私たちは見ていなかったので、状況は［映画にとって］より好都合である。しかし、その不都合な真理は、観客に提示されるときに、見せかけの展開という直線を妨げることになる。だからこの映画は、ジュディをマデリンに似せようとするスコティの執拗さ、その執拗さの不自然で作り物めいた性格を誇張しなければならない。これまでスコティの「狂気」を使って観客と戯れていた映画作家は、いまや観客を、自分と作中人物の間の戯れの共犯者にする必要があるのだ。

問題の項はなるほど単純で、見せかけの展開と真理に至る道筋が同じものであるという「文学」や「ニヒリズム」の掟を受け入れるか、あるいは、運動するイメージの芸術にそなわる手段には不適切であるとしてその掟を退けるか、いずれかである。だとするなら、この二つの論理が同質のものであることを保証するべく、もう一つの道を見出さなければならない。現実生活の見せかけに対する夢の至上権を宣告するシュルレアリスムの道がそれである。その弱点は、よく知られているとおり、夢のイメージはつねに夢のイメージとして知らされなければならない、ということだ——同一ショット内でさまざまな物体が気ままに並べられたり、ショットを繋げる順序が恣意的であったりする必要があるのだ。ここでもまた、豊かさが過ぎると害をなす。夢のレトリックは夢を損なうのだ。だからヒッチコックは、シュルレアリスムを悪夢の例証という機能的な役割に還元する。だが、作中人物の悪夢と錯乱をフィクション上のものであると宣言するヒッチコックは、それらを、おのれの術策を通じて考えに考え抜かれた産物として示す。かくして、ここには人生の嘘もなければ夢の現実もなく、ただ、映画という機械のもつ諸々の力を、もっともらしさという古きアリストテレス的な論理の支配下に置くフィクションの機構だけがある。この映画作家は、策略のシナリオを操る策略家として、悪気のない手品師として姿を現し、真なるものと偽なるものを取り違えさせては、今度はその取り違えを消失させるという驚異の数々を同時に作り出しつつ、それらを同じ一つの連続体へと溶かし込むのである。(1)

機械と化した目の二重の地位

だがおそらく、文学的ニヒリズムと映画的術策の悪気のなさとの隔たりには、映画がそれ自体に対してもつより複雑な関係が潜んでいる。というのも、かつて映画が、真理の機械のもたらす新しい手段の数々によって、もっともらしさの陰謀という古い詩的論理と、真理と虚偽の等価性という新たな文学的論理との葛藤を調整する能力がおのれにそなわっていると考えていた時代があったからだ。その時代に映画は、フィクション上の陰謀でも実人生の病気でもなく、一つの新たな世界のエネルギーの爆発であるような、眼差しの眩暈を展開することに専念していた。ソール・バスのクレジット場面があらゆる抽象的な螺旋形を繰り広げて、眼差しの捕獲を象徴化しているのを見直すとき、あるいはクロースアップで捉えられたジェームズ・スチュワートの眩惑された目［実際にはキム・ノヴァクの目］から、スクリーン上に「めまい」という文字とアルフレッド・ヒッチコックの名前が出てくるのを見るとき、ある別の映画を思い出さずにいるのは難しい。私が言っているのはもちろん、絶え間なく回帰する目によって、そしてその目が証人にして記録者となっている幾多のめまぐるしい動きによって区切りを付けられている、ジガ・ヴェルトフの『カメラを持った男』のことである。ヒッチコックのどの作品にも、映画作家のシルエットがよぎる署名のショットが含まれているとすれば、『カメラを持った男』では、私たちは絶えずカメラとカメラマンが登場するのを目にする――時には建物の屋根に登った巨人として、また別の時にはビールジョッキの中の小人として。こうしたカメラとカメラマンの遍在は、ヴェルトフにとっては、現実を記録する目が存在するということだった。実際、彼の映画が主張している根本的な立場とは、フィクションを拒否し、物語を語る芸術を拒否するというものだ。ヴェルトフにとっては、ジャン・エプシュタインや彼らの同時代人の多くにとってと同様、映画が物語と対立するのは、真理が嘘と対立するようなものだ。彼らにとって、可視的なものはもはや、真理が消失させるべき可感的な幻影の座ではなく、世界の真理を形作るエネルギーの表明の場なのである。そこから、機械と化した目［l'oeil-machine］のもつ二重の地位が由来する［全能の「手品師」としての側面と、四七頁以降で論じられる「運動の伝達器」としての側面を指す］。それはまず、あらゆる事物をおのれが組織するダンスの中に運び去っていく至高の策略家として登場し、映画の中では数度にわたって、驚嘆する子供たちの目の前であらゆる事物を登場させ、掠め取り、あるいはその形を変える手品師という人格のうちに隠喩化されている。さらに最終エピソードで、私たちがその製作過程を目の当たりにした映画の上映に立ち会う観客たちの姿が示されるとき、カメラの作業は手品の芸当と完全に同一化する。私たちはカメラがひとりでにそれが収められた箱から出て、三脚に据えられ、指揮者のように観客に挨拶するのを見る。するとクランクがひとりでに動き始めて、ありとあらゆる運動の目くるめく二重写しと繋ぎのバレエを編制する。踊り子たちが飛び跳ね、ピアノやタイプライターの鍵盤が叩かれ、電話交換手がすばやい身振りでプラグを付け替え、空には飛行機が飛び、街路には路面電車、自動車、四輪馬車が行き交う――こうしたすべてが、もはや生産する機械なのか、縁日のメリーゴーラウンドなのか分からない回転のただ中にいる女性の顔によって象徴化されている。

ここでの映画は、汎用キーボードを操る目に見えない手品師の魔法の器具であるようにみえる。手品師としての映画作家がまず呼び起こすのは、機械と速度に酔い痴れた造物主《デミウルゴス》としての技師、ないしは新たな生を構築するべく、諸々のエネルギーの大がかりな動員を編制する党首という人物像である。だが、その動員は、それ自体、奇妙な形を取っている。どうやら、それらのエネルギーが何の役に立つのかを知ったり、年代や機能に応じてそれらを区別することは、動員にあたってはさして重要ではないようなのだ。煙草工場での流れ作業も、路上の靴磨きの雑巾がけも、鉱山の奥底での労働も、金銭登録機《レジ》のメカニズムも、お針子の作る縫い目も、女性編集技師の施すカットも、美容院でのお手入れも、すべて同じリズムのうちに捉えられている。同じ時期に、エイゼンシュテインは『全線』で「古きもの」と「新しきもの」を念入りに対立させた。彼は古い宗教行列から新しい機械へと赴く運動を組織し、ヒロイン〔マルファ〕に自分の見せかけをいっさい気遣わないようにさせた。『カメラを持った男』の美容院のシークェンスは、真理と見せかけだけでなく、古きものと新しきものの分離をかき乱す。上品なご婦人方が散歩に使う四輪馬車は、カメラによって、社会主義の機械の速度にまで達せられることもありうるのだ。あらゆる運動は、形態が類似した、同じ速度の運動と連絡させられることさえできれば、すぐさま等価値となる。ヴェルトフのマルクス主義は、生産的なエネルギーの実際の運動と、階級社会やそのスペクタクルにそなわる見せかけとの対比など、まるで意に介していないようだ。忌み嫌われているフィクション映画ですら贖われる――ポスターに描かれた人物像はダンスの中に巻き込まれ、機械類の運動や、女子バスケットボール選手たちのシュートや、メリーゴーラウンドの木馬と連絡させられるのである。見せかけと現実があるのではない。運動の普遍的な連絡だけがあり、見せかけの背後に隠された真理にはもはや居場所がなく、眼差しが致死的な眩惑に囚われる時間もない。美容院の陽気な若い女性が対比をなすのは、エイゼンシュテインのいかめしいマルファだけでなく、『めまい』の美容院におけるジュディ、彼女の顔をマデリンの顔と一致させたがる「スコティの」狂った目によって苦しめられているジュディでもあるのだ。ヴェルトフのカメラが取り除くのは、ある一人の女性の顔に物語をあてがう可能性を眼差しに付与するような、こうした遅れないし間隙である。そのような間隙があればこそ、スコティは偽のマデリンに対する眩惑を覚えるのだ。それはまた、プルーストの語り手がアルベルティーヌに対して覚える眩惑を引き起こすものでもあった。ヴェルトフの撮影による、人がひしめき合うオデッサの浜辺が対比をなすのは、偽のマデリンがスコティを罠にかけて螺旋の中に引きずり込む、人気《ひとけ》のない太平洋岸だけでなく、「プルーストの」語り手が束の間の幻を愛の対象へと変容させる、バルベックの浜辺でもある。

そのとき、機械と化した目の全能性は反転し、その目は運動の伝達器にすぎないものとなる。カメラの作業はその正確な象徴を、電話交換局のうちに見出すことになる——そこでの女性従業員たちは、プラグの位置を変えて、みずからの意向とは関係のない通信〔＝連絡〕を保証することしかしていない。とするなら、カメラがひとりでに動くのを見せていた「手品」のシークェンスは、まったく異なる意味を帯びてくる。機械と化した目の自動性は、眼差しの帝国主義とそれがもたらす束縛をともに解任するのだ。イメージの機械がもつ、あまりにも見せすぎるという逆説的な欠陥

『カメラを持った男』（ジガ・ヴェルトフ、1929 年）

を直すために、語りの戦略をあれこれと展開する必要はない。この機械の力能は、むしろ、ある解任の力能である。つまりこの機械は、見せかけを操る目と、見せかけに魅了される目という対《カップル》を追い払うのだ。例証すべき物語がもはやない以上、映画的機械はもはやいかなる陰謀にも奉仕しない。もはや陰謀はなく、諸々の運動だけがあり、映画的機械はそれ自体、特権的な運動として、あらゆる運動の連結と同期を保証するのだ。芸術の産物のうちに芸術の意志が姿を見せないという、文学であれば術策を弄さねば遂行できなかったことを、機械と化した目はごく自然に遂行する。それと同時に、映画には、みずからの命運を、何らか

の真理の明確化――それは人生の嘘を明確化することである――と結びつける必要もない。運動の機械の真理とは、あらゆる運動の平等なのである。とはいえ、その平等とは、盲目的な生の諸々の表明がニヒリズム的な等価性を持っているということではなく、一体的な生のリズムのことである。この一体主義《ユナニミスム》はなるほど映画が発明したものではなく、すでに文学もまた、おのれの内奥のニヒリズムに対する救済策をそこに探し求めていた。だが、文学はそのためにおのれを否定し、マリネッティ、マヤコフスキー、あるいはサンドラールにあっては、強度を指し示すことはあっても媒介することのない、機関銃のような言葉のまったき集積におのれを還元しなければならなかった。絵画も、ボッチョーニ、セヴェリーニ、あるいはバッラとともに、レーシングカーや庶民的なダンスホールのもつダイナミズムを転写しようと努めていたが、その表面を十分な数の切り子面に断片化して、あらゆるダイナミズムを包含するダイナミズムと同等のものとなるに至ることはなかった。してみると映画は、他の諸芸術が夢見る芸術、つまり強権発動することなく新しい生のリズムそのものに同一化することのできる芸術たらんとしたのである。かくしてヴェルトフにおいては、同期する種々のダイナミズムの一体主義的なダンスが、あらゆるエネルギーの共産主義的な展開と同一化する。だとするなら、機械と化した目の芸術が提示するものは、文学におけるニヒリズムに対する芸術的な応答であるにとどまらない。それは、マルクス主義的な共産主義の内奥に潜む逆説に対する政治的な応答でもあるのだ――ただし、その逆説を覆い隠すような誤解によって、生産的な生のエネルギーの発展は、新たな社会的環境の構築と同一視されているのだが。

この逆説が何であるのかは、たやすく言い表すことができる。科学的社会主義はかつて空想的社会主義を論駁するつもりで、共産主義の未来を生産諸力の内在的な発展と結びつけたが、その時代は同時に、生に一つの目的を割り当てて、科学の務めはその目的を知り、それに到達する手段を定義づけることであるとする諸理論と手を切った時代でもあった、ということだ。「生は何も望まない」――それこそが、一九世紀の科学的かつ科学主義的な大いなる楽天家たちを内側から蝕むニヒリズム的な秘密なのである。マルクス主義の科学はその秘密に偽装を施すのだが、それはこうした目的の不在を、手段と目的の絡み合う戦略へと仕立て直すことによる。つまり、社会主義への歩みは生産諸力の展開と一致するはずだが、その歩みはプロセスの発展を予期できないし、おのれの欲望を物事の歩みに押し付けることもできない、と説明するのである。だが、生の運動をたどる科学という考えの背後には、より秘かな知――その運動はどこにもたどり着かないし、世界を変えたいという意志はいかなる客観的現実にも保証されていないという破壊的な予感――が存在する。それゆえに、科学的な厳密さは、おのれをひっくり返して、生産的な生の終わりなき運動に一つの政治的方向性を押し付ける強権発動のまったき必要性としてはっきり現れなければならないのだ。

内奥に潜むこうした分裂との関連においてこそ、機械と化した目による運動の展開は政治的な射程を帯びる。ヴェルトフの映画的一体主義は、ニヒリズムを追い払いつつ、運動と速度の陶酔を言祝ぐことで、そのニヒリズムの少なくとも一つの原則、生の運動には目的も方向づけもないという原則をとどめている。坑夫の仕事も上品な婦人の美容のお手入れも、新しい産業の機械も手品師の芸当も等しく考慮することで、まさにそれが示されている。これらの運動はすべて平等であり、どこに由来するのか、どこに向かって行くのか、あるいは生産、遊戯、模造《シミュラークル》のどの目的に仕えるのかは問題ではない。生の同じ律動的運動［eurythmie］を構成するそれらの運動は、勤勉な目覚めの朝から夜の楽しみに至るまでの大都会の交響楽という、共産主義者ヴェルトフがやがてナチスとなる［ヴァルター・］ルットマン［一九二七年の『伯林／大都会交響楽』でとりわけよく知られるドイツの実験映画作家］と分かち持つシナリオのうちに表現されている。そのため、マルクスの胸像やレーニンの映像は、縁日の出店やビールを飲む人々のただ中で、その平静さを誇示することができる。社会主義の構築という方向づけられた運動は、生がその平等な強度以外の何も告げることのないようなあらゆる運動が織り成す交響楽と一致させられる。映画は、あらゆる運動どうし、あらゆる強度どうしの関係のうちにだけ存する共産主義を、直接的に実現したものたらんとする。つねに支配するか、あるいは隷属させられている目が、おのれを解任して運動を利することで与えられるのは、新しい芸術の定式にとどまらず、新しい社会の直接的な実現の定式でもあるのだ。映画はヴェルトフとともに、それに固有の共産主義を提示する。客観的情勢の待機と強権発動の必要性とのジレンマから抜け出した共産主義、諸々の運動の普遍的な交換という共産主義のことである。このような映画的共産主義のユートピアが、ドゥルーズのヴェルトフに対する見方の根底にある——彼はヴェルトフを、「空間のどのような点も、自分が作用を及ぼす、あるいは自分に作用を及ぼす全ての点を（……）自ら知覚するようにするため」に知覚を事物の中に置き入れる映画作家とみなしている。(2) こうしたユートピアは、明確に規定された機械の観念を伴う。カメラとは、目的の帝国主義——新しい生の技師たちの目的であれ、陰謀を企てる芸術家たちの目的であれ——への従属からの救済を通じて、あらゆる機械を連絡させる機械なのである。

ドゥルーズの見方は、明らかにこうした側面を重視している。だが『カメラを持った男』は、二つの正反対の仕方で捉えることができる——あらゆる現実を一望監視的な目の帝国主義に従わせるような、テクノロジー的な主意主義の完璧な例示として、あるいは、あらゆる視覚的帝国主義を解任して、諸々の運動の自由な連絡を利するものとして。この映画作品《フィルム》は相反する二つの立場の完璧な均衡を私たちに提示し、かくして映画《シネマ》は、相反するもの——中央集権的な目の指揮下であらゆる運動を主意主義的に方向づけるという極と、あらゆる意志を放棄して、生のエネルギーを自由に発展させるという極——を統合する特権を与えられた芸術として出現する。とするなら、映画は一つの芸術をはるかに超えたもの、おのずと共産主義的であるような近代世界のユートピアである。だが、この映画的共産主義は、中央集権的な目の「形式主義的」な離れ業《アクロバット》と、ありのままの事物の流れを前にした「汎神論的」な放棄の間の未解決の緊張ともみなしうるし、その批判者たちによって実際にそうみなされてきた。

こうした映画的ユートピアの観念を通じて、私たちはある迂回を経てヒッチコックに戻ることができる。その迂回を私たちに差し出すのは、ゴダールである。『映画史』の最初の映像、［八つの］エピソード全体の意味と調子を定める映像は、ヒッチコックから借用されている。それが示すのは、自分の掲げるカメラの眼差しの背後に身を潜めた、『裏窓』の報道記者の捕獲するような眼差しである。また知られる通り、ゴダールは『映画史』で唯一の個別研究的《モノグラフ》なエピソードをヒッチコックに捧げ、それを「宇宙のコントロール」と題するセクション［4Aの章］に含めている。そのエピソードで『めまい』の作者は、眼差しと精神を捕獲する、映画に固有の力を具現している。だが、それと引き換えに、ある特殊な操作が施される。ゴダールは、巻き髪や、見せかけの溺死や、セコイアの森での散歩や、情熱的な接吻のショットを、元の映画のものとは異なる連続体のうちに挿入するのである。彼がその連続体を構築するのは、ヒッチコックの諸作の劇的な連続性から、一定数の物体——線路、プロペラ機の飛行、風車小屋の羽根、ブラシを振りかざす女性、ハンドバッグを締める女性、落下するボトル、階段を上る男性……——を抜き出すことによってである。要するに、彼はヒッチコックの映像をヴェルトフの映像のように扱っているのだが、形式的に類似しているだけにいっそう、［映像の］諸要素と、それらに施す操作そのものの異質さが際立つ。

もはや、世界のエネルギーの大いなるダンスを織り成す原子が、フィルム片を切り貼りする機械によって連結させられるのではなく、夢の映像が、デジタル的な変成《メタモルフォーズ》の連続体の中で、互いの上を横滑りし、溶け合い、あるいは再び切り離されるのである。ヴェルトフは眼差しと物語の眩惑を退けていたが、ゴダールがヒッチコックの物語《イストワール》を解体するのは、眩惑的な映像を得るためであり、まさにそのような眩惑の映像を用いて、彼は映画とその世紀の歴史《イストワール》をなそうとしているのだ。二つの定式が、そのような歴史を要約している。第一の定式は、ハリウッドの夢の工場について語る、「そんな工場を共産主義は必死に夢見ていた」というもので、第二の定式は「映画は私たちの眼差しに、私たちの欲望と調和する世界を差し出す」という、批評家ミシェル・ムルレから借用した、映画の変転についての診断をもたらす定式である。ゴダールはこうして、二つの主題を結び合わせているのだ。一つはユートピアの配置転換という主題であり、それによればハリウッドの夢の工場とは、機械化された新しい世界という二〇世紀のユートピアがもたらした結果であるか、そのユートピアを捕獲［＝詐取］したものである。もう一つは映画の裏切りという主題であり、それによれば映画は、現象どうしを関わり合わせるという視覚の機械としての使命を放棄し、あれこれの「物語」——ハリウッドのシナリオによって、あるいは人民を仕立て直すことに忙しい、荒廃をもたらす独裁政権によってもたらされる「物語」——に奉仕する、驚異を生み出す機械に変化した。してみると、『映画史』の企てとは、贖罪の企てなのである。ゴダールの施す断片化は、映像のもつ潜勢力を物語への従属から解き放とうとする。それは映画、写真、絵画、ニュース映像、音楽等のこれまでにない関係を作り出すことで、映画が物語の産業への隷属によって裏切っていた役割、つまり啓示し、連絡するものとしての役割を、過去に遡って映画に演じさせるのである。

　この転落と贖罪の物語は、二つの考察を生み出す。ゴダールは、ハリウッドの大監督たちが利用する眩惑の諸形式が、映画的ユートピアがもたらした結果ないし残余であることを強調するとき、あるきわどい点に触れている。ヴェルトフの一体主義的な交響楽が言祝いでいたような、技法上の創意工夫や、連絡を引き起こす諸機械は、未来派や表現主義の時代のヨーロッパを経験してから国外移住した映画作家たちのもとで、何らかの陰謀やら不吉な関係やら眩惑やらを担う道具となるのである――『条理ある疑いの彼方に』(ラング)の写真機、『ブルー・ガーディニア』(ラング)や『ダイヤルMを廻せ!』(ヒッチコック)の電話、『見知らぬ乗客』(ヒッチコック)の列車、『北北西に進路を取れ』(ヒッチコック)のプロペラ機のように。『めまい』では、自動車がその役割を演じる。行き交う車の音が時おり控えめに聞こえてくるものの、スコティは無重力状態で運転しているようであり、すでに心ここにあらずといった眼差しに導かれ、次なる罠――肖像画、墓地、狂言自殺が行われる水辺、真の犯罪の場である鐘楼――へと吸い込まれていく。機械は、眼差しが眩惑によって引きずり込まれていくところに行き着く。運動は罠に至る。眼差しが幻影の原則であるからだ。こうして、大通りの往来が、人気のないホテルや美術館や墓地や岸辺へと絶えず消えていくこのサンフランシスコは、単に空想上のカルロッタ・バルデスのだけでなく、人がひしめき合うジガ・ヴェルトフのオデッサの喪に服しているようだ。だがここからは、ゴダールによるものとは多少異なる結論を引き出すことができる。つまり、ハリウッドは共産主義が夢見た工場を実現したのではなく、機械に基づく共産主義の夢の諸要素を、物語を語る古い芸術のために再利用しただけなのだ、と。とはいえ、こうした移し替えが可能であることが思い起こさせてくれるのは、ある一つの芸術が単に一つの芸術であることは決してなく、同時に世界についての一つの命題でもあるのが常であるということだ。そして、芸術の形式的な手法とは、たいてい、観客の快楽をはるかに超えて、集合的な可感的経験の諸形式を再配分することを目指すような、ユートピアの残余なのである。

第二の考察は、ゴダールが遂行する贖罪の形式に関わるものである。彼は映画の映像を、物語の産業への服従から贖おうとする。だが、そのためにゴダールは、映像をめぐる二つの異なる考えを統一したものへと帰着させねばならない。彼にとって映像とは、可感的な世界の諸特徴がそれらの単一性においてじかに刻印されに来るイコンであるが、他のあらゆる記号と無限に組み合わされる記号でもある。ゴダールは、事物の生誕に立ち会う眼差しの力能と、眼差しの中心性を解任して、あらゆる事物を他のあらゆる事物と連絡させる機械の眼差しの力能を同時に欲する。彼はヒッチコック、ラング、エイゼンシュテイン、ロッセリーニから抜き出されたイコンを用いて、ヴェルトフのようなことをしたがっているのだ。ところが、彼はそうすることでヴェルトフの企ての核心にあった緊張、つまり運動の連絡と眼差しの中心性との間の緊張を消し去ってしまう。『カメラを持った男』では、カメラとカメラマンの目が遍在しているが、その遍在は絶えざる自己消去でもある。つまり、エネルギーの普遍的な連絡の道具であるためには、カメラは電話交換局のように、何も見ずに作動しなければならない。目は、それが見るものに長々とかかずらうのを断念しない限り、つまり眼差しを向けるのを断念しない限り、何かを結びつけることはないのである。ゴダールは、物語を宙吊りにするイコンとしての映像と、あらゆる事物を他のあらゆる事物と関係づける記号としての映像とを同一のものとするために、そのような眼差しと運動の分離を回避しなければならない。それと同時に、彼には眼差しと運動との映画的緊張の核心にある「共産主義的」なジレンマを回避しようとする傾向がある。このジレンマは、技法に関するものではなく、哲学的にして政治的なものだ。それは可感的な世界の諸形式を攪乱する意志の絶対性と、何も望まぬ生の諸々のエネルギーを利するための意志の絶対的な放棄とが同一であるというジレンマである。ゴダールはみずからの贖罪の企てにおいて、映像と運動の非の打ち所のない結合［＝結婚］に取り憑く秘かな不一致［＝離婚］を消し去っている。だからこそ、こうした過去の贖いは、同時に映画の歴史の終焉を宣告するのだ。現代映画の、すなわちおのれの歴史的ユートピアの力量を見定めた映画の務めとは、眼差しと運動の分離へと立ち戻り、眼差しの停止、遅延、解放の矛盾する諸力をもう一度探究することとなるのかもしれない。

原註

（1）モンテ・ヘルマンの近作『果てなき路』は、このような妥協を対当によって明らかにしている。この映画は、『めまい』のフィクションの論理を反転させることで、見せかけの展開という論理をまさに目くるめくものとしている。『果てなき路』は実際、心中という幕切れを迎えるある資金横領の事件を題材にした映画製作の物語として提示される。だが、その撮影の叙述《レシ》は実のところ、観客が撮影されている映画のものであるとみなす一連のシークェンスによって何度も遮られ、それらのシークェンスでは、偽の映画の演出に乗じて、犯罪者のカップルが心中したように見せかけることで逃亡するという殺人の陰謀が語られる。「真の映画」の撮影が終わりに近づく頃、監督が狂わんばかりに恋していた主演女優が撮影現場の助言者を演じる登場人物［保険調査員の男］に殺され、その男を今度は監督が殺す。観客はそのとき、映画の中で決して明確に言われも見せられもしないことを推論するよう促される。つまり、女優だと言われている女は、実際には、犯人が偽の映画のために雇ったあげく、自分の愛人が自殺したと信じ込ませるために殺害した女優の身分を騙ることで、真の犯罪の片棒を担いでいたのだ、と。だが、私たちがその撮影を目撃している映画と、「実際に起こった」ことの切り分けを可能にする確かな手がかりはいっさいない。陰謀の現実と、ある一つの顔に眩惑された監督の夢は、実際には識別不可能になる。現実、フィクション、フィクション内フィクションの関係は完全に決定不可能なものとなり、その引き換えとして、この映画はハリウッド産業にとっての未確認物体、あるいは結局は同じことだが、見せかけがもたらす驚異とそれを消失させる叙述《レシ》の間のバランスの取れた関係にもとづくシステムから排除された監督の宣言《マニフェスト》となっているのである。

（2）Gilles Deleuze, *L'Image-mouvement*, Paris, Éditions de Minuit, 1983, p. 117.［『シネマ１＊運動イメージ』財津理・齋藤範訳、法政大学出版局、二〇〇八年、一四五頁、訳文は一部改変］

『少女ムシェット』とイメージの言語の逆説

美学的体制下の映画

ブレッソンが〔自身の同名の映画で〕ドストエフスキーの『やさしい女』に付け加えた数々のエピソードの一つに、夜の公演を見に劇場に行く場面がある。主人公の夫婦はそこで『ハムレット』の上演に立ち会うのだが、その上演は、『シネマトグラフ覚書』が通常の演劇的実践に帰しているあらゆる悪習を並べ立てたものとなっている。俳優たちは、ハムレット、ガートルード、レアティーズになりきって演じていて、吟遊詩人《トルバドゥール》風の服に身を包んだまま、ポーズを取り、落ち着きなく動き回り、声を張り上げ、表情を歪めているのだ。「やさしい女」は帰宅するやいなや当該のシェイクスピアの戯曲を繙いて、俳優たちが夜の公演の間中ずっと喚き立てていられるように、戯曲の一節を割愛していたことを確かめる——その箇所では、王子ハムレットが劇中で芝居をさせる役者たちに、長台詞を町の触れ役のようにがなるのではなく、舌の先で言うようにと指示しているのだ〔1〕。このエピソードには、次のことを証明するような効力がある。すなわち、通常の映画《シネマ》はまさにこの悪しき演劇を写し取っているが、それに対置されるのがシネマトグラフの言語なのであって、そこでは、イメージはもはや類似性を目指す写し《コピー》ではなく、ある自律的な言説の構成要素であり、モデルたちの単調で表現力を欠いた話しぶりによってこそ、舞台上でのひけらかしの代わりに、親密な存在の裸の真理が出現するのだ、ということである。

この証明は明快だ。あまりに明快ですらある。何らかのより秘められた困難を覆い隠すための囮をしつらえている類いの明快さなのである。私は『ハムレット』が一九六九年にこんな風に演じられていたのかどうか知らないが、その代わり、ロベール・ブレッソンが生まれる以前からすでに、シェイクスピア悲劇の演出が、さまざまな詩人と演劇人によって、演劇のリアリズムを批判するための試金石とされていたことを知っている。マラルメはすでにハムレットを「成ることのできぬ潜在的なる君主」として高く評価し、もっぱら綴れ織り《タピスリー》の模様であるべきなのに作中人物を存在させようとしてしまう俳優たちの思い上がりを告発していた。[1] エドワード・ゴードン・クレイグの演出では、ハムレットは［舞台の手前で］横たわったままでいて、芸術のもたらす仕切り《バリア》によって隔てられた舞台奥では、廷臣たちが一つの塊となって、王と女王もろとも、一枚の同じ黄金の外套にくるまれていた。メーテルリンクは、王子や貴族たちを後景に送り込んで、その代わり前景に、彼らを通じて語る闇の力を到来させること――たとえば、灯りの下で身じろぎもせず、自分を取り囲む未知なるものの物音を黙って聞いている一人の老人に、ドラマを集中させることによって――を提案していた。[2]

彼らが三人とも提案していたのは、結局のところ同じことである。それは、演劇の言葉を、文学の時代、すなわち黙せる言葉〔la parole muette〕の時代に合わせることにほかならない。黙せる言葉とは、単に、沈黙するエクリチュールにおいて、語りの連続的な線と、そこに響きわたる会話の声を等しいものにするような言葉を指すだけではない。それがより根本的に指すのは、黙しているものを語らせる言葉のことである。黙せる言葉は、事物に書かれた黙せる記号を解読することもあれば、あるいはその逆に、事物における意味作用の不在に寄り添うこともあるが、いずれにせよ、世界と魂の黙せる強度と匿名的な物音を記録するのである。それがより一般的に指すのは、言葉が展開する想像的な感覚性の驚異を絶えず掠め取り、みずからのうちに取り戻すような言葉のことである。このように、受肉の力能と受肉からの離脱〔désincarnation〕の力が一致していることが、ここで言う文学の基底をなしている。それはつまり、古典的な表象的秩序の二つの大原則――筋立てとその了解可能性の原則の優位、すなわち必然性ともっともらしさに従った諸行為の配列という原則と、適切な言説と態度のコード化を通じて、感情、感覚、意志を体系的に表現するという原則――をひっくり返して以来の文学ということである。

シネマトグラフがブレッソンを介して演劇との対立を形式化できるとすれば、それはすでに黙せる言葉の文学的な力能が、まずはほかならぬ演劇の舞台において、筋立ての優位と表現のコード化という表象的論理を再審に付していたからだ。したがって、真に問題なのは、「ブレッソンが言うように」シネマトグラフと「映画に撮られた演劇」の対比ではなく、シネマトグラフが文学に対してもつ関係である。映画は演劇に逆らって到来するのではなく、文学の後にやって来るのである。それが意味するのは、単に、映画が書物から取られたあれこれの物語をスクリーンにもたらすということではなく、映画が文学的革命の後に到来するということ、つまり意味することと示すことの間の諸関係の転覆が、文学の名の下で、物語を語る芸術に降りかかった後に到来するということである。とすると、問題は単に、動くイメージと録音された音を用いて、文学の手法がもたらす効果と似た効果を生み出しうる手法を作り出すことではない。それだと芸術どうしの照応という古典的な問題になるが、示すことと意味することの関係と並んで、そもそも芸術どうしの照応の原則を揺るがしたのが、文学と同じく映画もそこに属している諸芸術の美学的体制だったのである。ここから導き出されるいくつかの帰結を、私はベルナノスの『新ムシェット物語』という物語《レシ》をブレッソンが翻案した映画作品『少女ムシェット』を通じて検討してみたい。

文学における映画主義

こうした「翻案」が孕む問題は、次のように単純に定式化できる。文学とは、単に言語の芸術であるのではなく、言語の一つの実践であって、造形的なイメージや映画の運動へと移し替えなければならないものであるどころか、イメージ性と運動性をめぐるある種の観念を含んでもいるのだ、と。文学はそれ自身、ある種の映画主義《シネマトグラフィスム》を作り出したのであり、それは以下の三つの主要な特徴によって定義できる。その映画主義とはまず、黙せる言葉の特権、つまり事物のもの言わぬ現前――それは意味を持っていたり、謎めいていたり、あるいは無意味であったりする――に与えられる表現の力を指す。次いで、それは表象されるあらゆる事物の平等性のことである。『少女ムシェット』では人間の顔にも、コーヒー挽きを回す手にも、居酒屋のカウンターに置かれるコップが立てる物音にも平等な注目が注がれ、ブレッソンはその模範をセザンヌに見出しているが、(3)こうした平等な注目は、セザンヌを超えて、文学がフローベール以来、理論化し、実践してきた、高貴な主題と卑俗な主題、語る存在と黙せる事物、意味あるものと無意味なものとの大いなる平等性を指し示すものである。最後に、映画主義とは、時間のシークェンス的な処理のことである。私がそのように呼ぶのは、不揃いで非連続的な時空間の塊によって語りを構築するような処理のことであり、それは表象的なモデルの対極にある。つまり、もはや原因と結果との、出来事となって現れる意志どうしの、そして他の出来事を引き起こす出来事の、均質的な時間的連鎖というモデルは作動していない。文学的革命によって制定される時間は、シークェンス化された時間、先取りして「シークェンス゠ショット」と名付けてもよいような、身をすくめる現在の塊へと分割された時間である。文学におけるこうした映画主義は、『新ムシェット物語』にはとりわけはっきりと感じられる。これはアル中の父親と肺病やみの母親を持つ、誰からも相手にされない粗野な少女が、密猟者に強姦され、母親が死んでしまった後に自殺するという物語である。ベルナノスの叙述《レシ》は模範的なまでにシークェンス的である——短い章の積み重ねによって成立しているからだけでなく、章と章の間にも断絶が導入されているからである。たとえば、強姦の叙述からそれに続くエピソードへの移行を例に挙げてみよう。前者はこのように終わる。「最後の燃えさしが灰になって崩れようとしていた。闇の奥で生きているものは、恰幅のよいアルセーヌのせわしい息づかいのほかに何もなかった」。次の断章は、そこから継ぎ目なしに、次のように始まる別のシークェンス゠ショットに飛ぶのである。「彼女は、自分がほとんど野兎と同じくらいの場所しか占めていないエニシダの茂みの中で、身を丸くした(4)」。

身を丸めたムシェットというこのイメージは、小さなハリネズミのように身を丸める断片についてのシュレーゲルの理論や、ドゥルーズによる時間イメージの概念化——それ自身が無限化してループする現在、切断と空虚からの再連鎖、繋ぎならざる形をとる繋ぎ——を思い起こさせるかもしれない。文学はある種の時間イメージを生み出すのであり、それがそなえる二つの特徴は、シークェンス性へと向かう内的な指向性とシークェンス間の切断である。この指向性と切断は、ベルナノスにおいては、諦めの中で反抗し、反抗の中で諦めつつ、結局は諦めを余儀なくされている人々の運命を描くというフィクションの素材と合致する慣性の原則を利用しているし、転落する身体の法則に従う一人の人間が深淵に向かっていくという、叙述の全般的な方針、その想像上の物理学とも調和している。

『少女ムシェット』における翻案の逆説

とすると、問いは次のように提起される。映画は、それを先取りするこの文学の「映画主義」を何に仕立てることができるのか、と。考察を始めるにあたって、私たちには一つの手がかりが与えられている。恰幅のよいアルセーヌのせわしい息づかいから、エニシダの茂みの中で身を丸くするか弱きものへの移行の際、ブレッソンであれば映画における「モデルニテ」のある種の観念に従って、断絶を際立たせるはずだと考えてもよいだろう。ところが、彼は逆に、その断絶を和らげた。強姦のシークェンスを終わらせるのは、恰幅のよいアルセーヌの息づかいではなく、彼の首のまわりで再び結び合わされるムシェットの両手であり——かなり月並みなやり方に沿って、苦痛から快楽への移行を表している——、次いでそれに繋がるのは、ちっぽけな兎/ハリネズミのムシェットではなく、扉を開けて「ムシェット」と呼ぶアルセーヌなのである。ブレッソンはこの二つのショットをディゾルヴによって結びつけている——彼にあってはよくみられる手法とはいえ、出来事のトラウマ的な性格を特徴づけるのにふさわしいとは言いがたい。したがって、文学の素材とその映画における使用法との間には、一見したところ、単なる隔たりではなく、逆行する動きがあるわけだ。

私たちがここで出会う逆説は、アンドレ・バザンが『田舎司祭の日記』について分析している逆説よりも手強いものだ。バザンがその分析で指摘していたのは、〔原作小説という〕塊をどうしても削らざるをえないブレッソンが、日記を書くという最も「文学的」な箇所ではなく、最も視覚的で感覚的な箇所を割愛した、ということだった。バザンが言うには、「小説と映画では、小説のほうがイメージに満ちており、映画のほうが「文学的」なのである」(5)。ブレッソンはたとえば、〔司祭が〕狩りから帰ってきた伯爵と出会って、〔獲物袋の底で〕死んだ兎たちが泥とべたべたした毛の塊と化しているのを見ると、そこから司祭を見据えるようなとても優しげな目だけが現れ出てくるという箇所がもたらす感覚的細部の豊穣さを取り去っている。映画はおのずと視覚的な芸術なので、文学がそれに固有の力を超えたところにおのれを想像的に投影するために用いる、視覚性の過剰をむしろ減らさなければならなかった。『田舎司祭の日記』という映画が、文学の叙述をより高次の抽象へともたらすような、極度に純化された性格を持っているのはそのためである。

ところで、いま挙げた事例は、事態がより複雑であることを明るみに出している。というのも、兎は単に語りに肉体をまとわせるためのイメージであるだけでなく、フローベール的な論理に従えば、語りの停止でもあったからだ。つまり死んだ動物の目は、生気のない事物であり、司祭の周囲で意志と意志がぶつかり合っているただ中に宙吊り状態をもたらすものでもあったのである。描写における感覚性の過剰と語りにおける非連続の構造は、同じ効果をもたらす。つまり、どちらも行為から意味を、筋立てから重みを奪い、両者が相まって宙吊りの論理を構築する――文学はそれによって同時に受肉と受肉からの離脱を生み出すのである。したがってブレッソンは、あまりに感覚的なイメージを遠ざけることで、描写の超‐感覚性それ自体に根ざした宙吊りの力をも取り去っている。ブレッソンのモンタージュにおける超‐断片化が意味をなすのは、まさしく、文学における過剰にそなわるそうした宙吊りの力との関係においてである。複数の論理のこのような対決を理解するためには、どのように本題に入っているのか、小説と映画を比べてみるのが有用である。

小説と映画の導入部

ベルナノスは彼の叙述を以下のように始めている。

ところがすでに、西から吹きつける黒い、烈しい風――アントワーヌの言うように海の風――が、聞こえてくるさまざまな声を夜の中に散らしている。風はしばしそれらの声と戯れ、やがて残らずひとまとめにし、ごうごうと怒り唸って、どことも知れぬところに投げすてる。ムシェットがいましがた聞いた声は長いこと宙吊りのまま漂っている。なかなか地面に落ちようとしないあの枯れ葉もそうであるように［ainsi que］。

走りやすいように、ムシェットは木靴を脱いだ。履き直すときに、左右の足を間違えて入れてしまう。無理もない！　これはウジェーヌの木靴で、ぶかぶかなので小さな手の五本の指を靴の中に通せるくらいなのだから。取り柄といえば、木靴を一対の巨大なカスタネットのように爪先で懸命に揺さぶることで、校庭の敷石を一歩進むごとに、女教師が思わずかっとなるような物音が響くということだ。
　ムシェットはするすると斜面のてっぺんまで上っていき、そこで濡れそぼった生け垣に背をもたせかけて見張りにつく。この監視所からは、学校はまだすぐ近くにあるように思われるけれども、校庭には今は誰もいない。毎週土曜日には、休み時間のあと全校生徒が記念教室に集まる。その教室は、共和国を表す女性の胸像や、一度も取り替えられたことのないアルマン・ファリエール氏の古い肖像画や、防水布のケースに巻いて収めてある体育協会の旗で飾られている。先生は今頃、今週の成績を読み上げているに違いない。それから皆で、まだずっと先の賞品授与式の式次第の一部となっているはずのカンタータの練習をもう一度するだろう。(6)

この書き出しは、文学における映画主義の完璧な実演である。まず最初に、雰囲気を作り出す全景のショットがある。風が吹きつけ、葉が落ち、判然としないさまざまな声が聞こえてくる。次に、寄りのショットが運動する登場人物をフレームに収めると、その人物はまもなく足を止めて、自分の木靴をクロースアップで見せる。続いて、新たな全景によって、足を止めた監視所からこの人物が眺めているものがあらわになる。これはいかにも、数多くの映画の始まりのようである。だが、こうして提供されるイメージと音と運動の豊かさには、ある奇妙なエントロピー〔の増大〕が作用を及ぼしているのだ。このテクストの始まりは、「ところが」である。これは私たちをただちに出来事の核心に据える術策であるだけでなく、一つの異論でもあって、こうした豊かさを私たちに差し出している手が、同時にそれを取り下げるような動きである。この「ところが」が導入するのは、黒という色彩をそなえた風である──この色彩は明らかに、風が押しやる雲から換喩的に借りられている。アントワーヌ──この人物が何者なのか結局知ることはないだろう──の言うところでは海の風らしいこの風は、さまざまな声を夜の中に散らしている。しかも、風はなかなか地面に落ちようとしないあの枯れ葉「のように〔comme〕」声を散らすというのだから、物理的な描写の様態と、言語の文彩の様態で、二度にわたってそうするのだ。さらに、今度は「あの〔ces〕」枯れ葉が、不確定さのうちに陥る。というのもこの指示詞は、枯れ葉が一般的に風に吹かれてくるくる回るという事実を指すことも、ムシェットのまわりで実際に落ちている枯れ葉を指示することもできるからだ。こうして、あらゆる感覚的な質が、声も枯れ葉もともに散らされる体制、「のように」の体制に置かれている。「のように」という留め金によって、声と枯れ葉は、語り手の言葉なのか、あるいはフィクションの主体ムシェットの知覚や感覚なのか不確定であるような領域、それらがドゥルーズの言うところの純粋な知覚や純粋な情動となるような領域を動き回るのである。

映画は、散らされた声に、言い換えればエクリチュールにそなわるこうした不確定な感覚性に対して、どのように応じることができるのか。映画は「イメージと音を用いたエクリチュールである」、とブレッソンは告げる(7)。その「エクリチュール」は、文学という芸術における散らされた声や減算的なイメージとどのような関係を保っているのだろうか。それに対する答えは、映画の冒頭

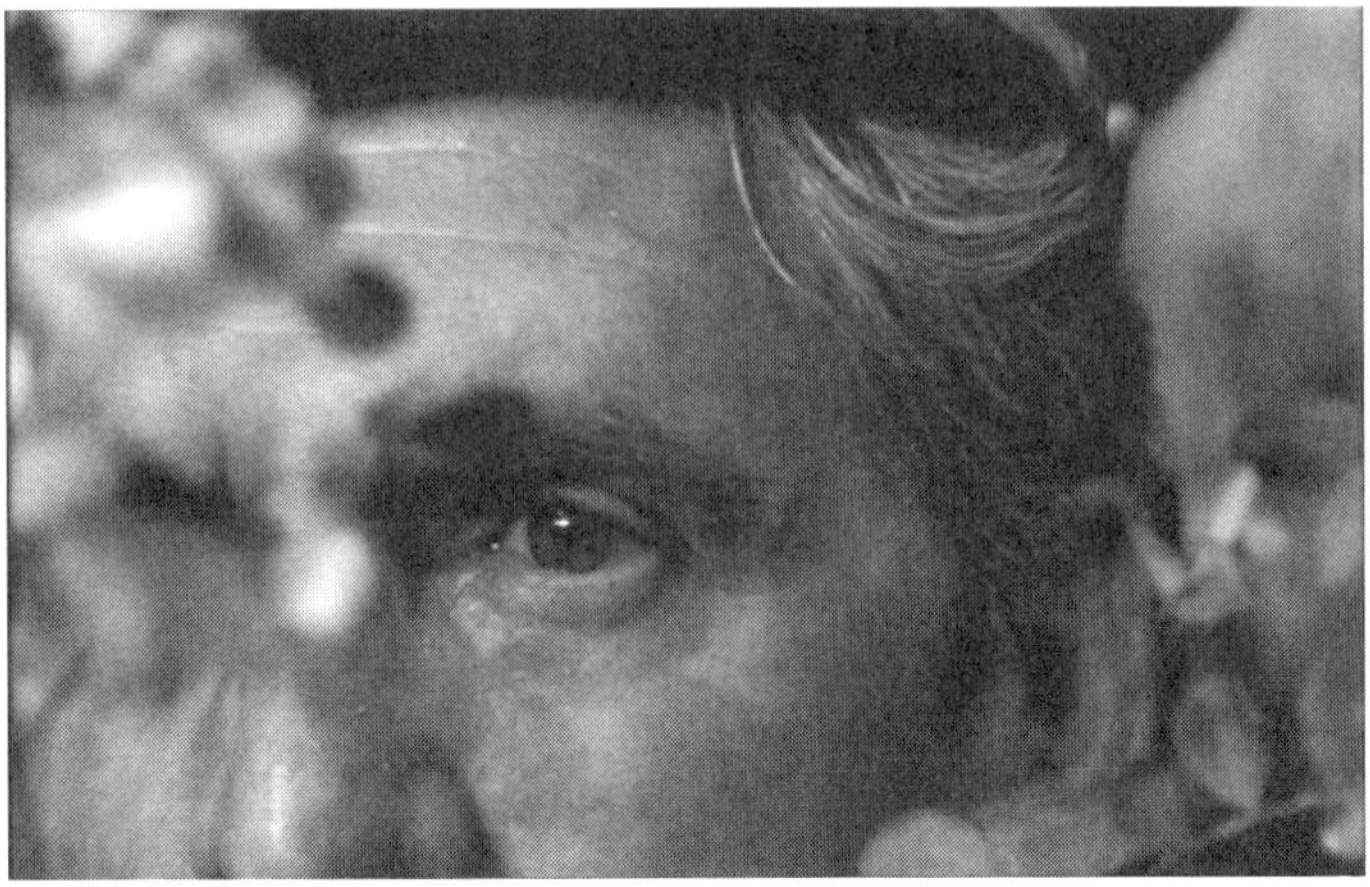

『少女ムシェット』（ロベール・ブレッソン、1967年）

部によって与えられる。その最初の五分間は、たしかに小説の導入部とは何の関係もない。ブレッソンは、テクストがたっぷりと差し出している具体的なイメージや感覚の数々をことごとく一掃し、その代わり、完全に作り上げられた一連のエピソードを据えた。散乱した声が作り出す渦の代わりに、クレジットに先立って私たちに提示されるのは、立像のような人物である。その人物が立っているのはどこだかよく分からない空間であり、足音が敷石に響く音がするとはいえ、そこが教会であると見分けるのは至難の業だ。彼女はムシェットの母親で、ブレッソンは［小説の］叙述では寝たきりの彼女をベッドから連れ出して、悲劇的なプロローグの声、実質的に「私は前進する死である」と言っている寓意的な声たらしめている。してみるとブレッソンは、散乱の代わりにライトモチーフを据えたわけである――［ベートーヴェンの交響曲第五番で］運命が扉を叩く、あの最初の四つの音のようなものとして。続いてやって来るのは、これもまた完全に作り上げられ、同様にあらゆる散乱と対立するエピソードである。というのも、そのエピソードは眼差しと手の一連の有無を言わせぬ繫ぎから成り立っているからだ。私たちが目にするのは、まず銃をつかむ手であり、次いでその先にある身体、見張りのために身を隠そうとしている森番の身体である。葉叢ごしの彼の眼差しによって、私たちは別の手、罠を仕掛ける密猟人の手に狙いを定める。続いて目にするのは、獲物を待ち構える罠であり、森番の眼差しの下で罠に向かって進み、捕まってしまうヤマウズラである。その後、私たちは小鳥を逃がす森番の手から、自分の獲物が逃げてしまうのを見る密猟者の眼差しに移行する。それから森番が茂みを抜けて道路の方に上っていくと、新学期の開始［で登校する生徒たち］とすれ違う。そこでようやくムシェットが短く登場し、すぐに姿を消す。実際、続くエピソードは居酒屋のカウンターを中心に展開し、女給に好かれている密猟人や、彼女に袖にされる森番がそこで一杯飲み、ムシェットの父親と兄が密輸品の酒瓶を運んでくる。この二人の後を追うことでようやく、私たちは家にいる少女と再会することになるだろう。

ブレッソンにおける断片化

この作り直された導入部には、ある一つの特徴がそなわっている。それは断片化の過剰なまでの使用ということであり、ショットや空間だけでなく、表象される身体も断片化されるのである。私たちは森番の眼差しと密猟者の手を交互に見る。彼らのなすことや見るものへのクロースアップは二人が近くにいることを示唆しているのに、私たちが二人をまとめて見ることは決してない。この断片化をどう考えればよいのだろうか。『シネマトグラフ覚書』でブレッソンは次のように告げる。

もし表象に陥りたくなければ、断片化は不可欠だ。
存在や事物をその分離可能な諸部分において見ること。それら諸部分を一つ一つ切り離すこと。それらの間に新たな依存関係を樹立するために、まずそれらを相互に独立したものとすること。(8)

ドゥルーズの場合はどうかと言えば、彼はブレッソンのうちに「触視的《ハプティック》」なモンタージュの実例を見て取っている。つまりそのモンタージュは、空間どうしを盲目的に、手探りによって繋ぎ合わせ、したがって光学的・運動感覚的な帝国主義の対極にあるというのである。
だが、ブレッソンの実践する断片化が、反表象の原則に従っているのかどうかはそれほど確かなことではない。というのも、表象的な論理の核心は、あらゆる部分が正確に調整されている全体という考えにあるからだ。そうした調整のために、眼差しに与えられる全体性を解体しなければならないことは、古代の画家も古典主義の劇作家もとうに知っていた。画家は複数のモデルから美点を借りて、美のイメージ群を組み立てていたのだし、劇作家は筋立ての諸々の出来事に、人生では決してみられないような完璧な必然性を与えていたのだから。そして、まさにそのような伝統に従っているのが、ブレッソンのデクパージュとモンタージュなのである。彼が「映画のモンタージュを行うとは、視線によって、人物を他の人物やオブジェに結びつけることである」と言うとおりだ。(9)『少女ムシェット』の先に挙げたシークェンスでは、ショットとショットの関係が眼差しのたどる道筋を完成させている。ここで施されているモンタージュによって、ブレッソンは、キリスト教と映画的モデルニテの観点から彼の兄弟と目されている面々の一人からは根本的に区別される。ロッセリーニにおいて行われていることとは逆に、ブレッソンにおいては眼差しを向ける人と向けられる人が同一ショット内にいることは珍しいし、そこで眼差しが交わることはさらに稀である。断片化とはまずもって、語りの上での厳密な効率性の原則である。葉叢に隠れた森番のショットには、獲物と狩人を交互に監視する目の動き以外に見るべきものはなく、罠をとらえたショットは、罠そのものがそうであるように、そこに引っかかる動物を純粋に待機することにほかならない。断片化は、イメージに、先行するイメージと後続するイメージの中継以上のものであることを禁じるのである。

ブレッソンは、この依存関係を理解するための二つの類比《アナロジー》を差し出す。彼がまず持ち出すのは絵画であり、ショットとショットは隣接する筆触によって色調が変わるような関係にある、と述べる。(10)しかしこの類比は偽りのものであり、〔映画の場合〕「隣接する」筆触が現れるときには最初の筆触はもはや表面上にはない。ベルナノスの叙述では、内心の強迫観念が現在の感覚に彩りを与えていたとしても、ブレッソンにおいては逆に、それぞれのショットは行為のある決まった瞬間以上のものを何も含まぬよう構想されているようにみえる。そのため、もう一つの類比、言語との類比が用いられることになる。イメージは、その位置と関係によってのみ価値をもつ辞書の単語のようなものである、と。[11] 言語をめぐるこうした考えは、当時の構造主義的な雰囲気と響き合っているものの、文学が実践している考えとはほど遠い。文学では、単語は絶えずみずからの周囲に、行為の進行を支えると同時に妨げるような、ぼんやりとしたイメージの光輪を投げかける。文学はみずからを超え出ようとし、独自のやり方で映画的たらんとしていたわけである。逆に、イメージによる言語という考えは、イメージを脱‐視覚化する傾向にあり、一つ一つの視覚的断片を二重の制約に従わせる。つまり、それぞれの断片は、行為の一部分をなすものとして、行為に関与している身体部位――眼差し、手、足、等々――だけを保持しつつ、ブレッソンが理解するところの言語――ある単語は別の単語との関係によって初めて意味をもつ――の一部分でもある。だが、彼が構想するその〔単語と単語との〕関係は、刺戟に対する応答という仕掛けに帰着する。そのことを例証しているのは、映画のあるエピソード、ムシェットが級友たちに土塊《つちくれ》を投げつけるエピソードである。このエピソードは、映画の語りにおいては、生徒たちが賞品授与式で歌われる例のカンタータを練習し、ムシェットがいつもシのフラットのところで詰まってしまうというもう一つのエピソードの後に組み込まれている。この二つのエピソードは、たしかにベルナノスに由来するとはいえ、その扱い方はどちらも小説とは正反対である。ベルナノスにおいては、調子外れの音を出したムシェットは、生徒たちに嘲笑され、先生の怒りを買うことで、「愚かな表情、そうすれば自分の感じる喜びを隠し通すことのできる表情」を顔に浮かべていたが、[2]ブレッソンはうまく機能しているこの取り繕った表情の代わりに、失敗と恥辱の現れである涙を用いている。土塊のエピソードに関しては、逆のことが生じている。小説では、女の子たちが散り散りになった後で、ムシェットが怒りに駆られて一つだけ投げつけた土塊は、路上でつぶれてしまうことになる。[3]映画がそれに対置するのは、投げつける土塊がどれも命中するという、全面的な成功の原則である。土塊が当たる標的——背中、胸、手提げ鞄、頭——は、前もって私たちに示される。しかも、特異な繋ぎによって、打撃を受ける身体部位——どちらが標的とされたかによって、胸だったり頭だったりする——だけが犯人の方向に向けられている。繋ぎを統べる原則は、色調の対比でも、記号の恣意性でもなく、土塊を標的に向けて投げつけるのと同じようにショットとショットが繋げられるという、有無を言わせぬ関係なのである。

したがって、断片化はいかなる点でも反表象の原則ではなく、まったく逆に、行為の宙吊りや、時間の膨張や、因果性の断絶といった、文学が表象的論理から解放されたときに頼りにしたものを無効にしている。文学的革命は語りの連鎖の機能的な論理を打ち砕いていたが、ブレッソンによる断片化は、逆に、超‐機能性の原則を押しつける。あらゆる視覚的断片は、言語の一部分と同等であり、さらにそれが語りの一部分でもあるのだ。そのとき、映画の語りは、語りの素材とぴったり合っているようにみえる狩猟の形式を提示する。映画の冒頭部は、視覚的な断片化を「獲物の」追跡の物語の叙述に適合させることで、すでにムシェットの運命を要約している。今のところ、森番が逃がすヤマウズラのようなムシェットは、やがて、別のエピソードで猟師の一団が取り囲んで殺戮する野兎のようになるだろう。そのエピソードもブレッソンが作り出したもので、映画の末尾、少女が自殺する直前に置かれている。

ブレッソンの演出と「モデル」

これら二つの狩りのシーンの挿入は、それ自体、吟味に値する。実際、それは無から作り上げられたものではなく、二つの水準における移し替えのプロセスの結果である。第一の水準では、二つのエピソードはベルナノスのテクストに現前している隠喩を文字通りに表している。私はすでに、ムシェットが「自分がほとんど野兎と同じくらいの場所しか占めていないエニシダの茂みの中で、身を丸くした」ことに触れたが、ブレッソンにおいてこの野兎に準じるものは本物の野兎となる。文体上の譬喩《イメージ》が視覚的要素に変えられ、隠喩が喚起する追跡が映画の筋《アクション》の構造そのものとなっているのだ——その構造はこの二つのエピソードによって象徴されつつも、筋を構成するそれぞれの部分の中にすでに反映されている。だが、野兎狩りは、『ゲームの規則』の狩りのシーンから借りてこられた引用でもある。野兎とそれがもつ象徴的な価値をルノワールから借りることで、ブレッソンは野兎の周囲に構築されている語りのあらゆる連鎖も引き寄せている。つまり、彼は森番シュマシェールと密猟者マルソーの「職業的」かつ恋愛に関わる敵対関係も借りてきて、それを森番マチューと密猟者アルセーヌのペアに投影しているのだ。そうすると、筋立ての意味合いは変化する。ベルナノスの叙述が完全にムシェットだけに焦点を合わせ、その十字架の道を段階的にたどっていたのに対して、ブレッソンはムシェットを、バーの女給――原作では、彼女はある文章でふと仄めかされるにすぎない――をめぐる密猟監視人と密猟者の敵対関係に巻き込まれて罠に掛かった人質とする。彼はこうして、シナリオと演出の間の適合の関係を完成させている。それぞれのショットを他のショットの標的とすることで、演出は追跡のシナリオに奉仕するようになり、逆にそのシナリオは演出のアレゴリーとしての役目を果たす。この点にこそ、ブレッソン映画の定数の一つがある。彼のそれぞれの映画が語っているのは、刑事や不良少年であれ、嫉妬深い夫や見捨てられた恋人であれ[4]、森番や密猟者であれ、ある狩人／演出家が、見せかけを配置し、仕掛けた網の中に獲物をおびき寄せるというおおむね同じ物語である。他方でブレッソンは、みずからの演出を真理を捕獲する仕掛けと定義している。この二つの狩り、ないしこの二つの演出の間の関係は、正確にはどのようなものだろうなのか。

ショットどうしの語りの連鎖については、答えは明快である。すでに見たように、そこでは視覚的な断片化が、狩人の眼差しと狩人の待ち望んでいるものとをぴったり合わせていた。だが、ショット内での身体の表現が関わってくると、事態は込み入ってくる。ブレッソンはそれにまつわる問題を、俳優への批判を通じて定式化している。彼にとっての俳優とは、プラトン的な伝統に従って、嘘つきである。つまり俳優とは、自分自身ではなくハムレットでありながら、ハムレットでもない――なぜなら、他のどんな役を演じるのとも同じようにハムレットを演じるだけなのだから――という二重の存在なのである。こうして物まねによって人を欺く俳優をブレッソンもまた追放し、その代わりにモデルを据える。モデルは演技することなく、まずもって、画家の前でそうするように、カメラの前にとどまる身体である。だが、絵画との類比はここでも偽りのものであり、モデルは何よりも話し方によって俳優と区別されることになっている。モデルは思いを巡らせることも、何かを物語るような意図を込めることもなく、演出家が命じる身振りを伴って、彼が口述する台詞を述べなければならない。ブレッソンが言うには、そのようにしてこそ、モデルは意識的な思考に逆らっておのれの内的真理を表現することになる。演出は、台詞と身振りの反復によって物質的な自動現象《オートマティスム》を作り上げるが、それはもう一つの自動現象を引き起こすべくして引き起こす――作り物ではない自動人形《オートマトン》、誰もその動きを前もって決めることができず、逃げ道をふさいでやると、もっぱらその存在の真理に従って動くはずの内的な自動人形の自動現象のことである。『シネマトグラフ覚書』は、アルキメデスの定理を真似た、モデルの定理を提起している。「モデル。肉体行動の中に投げこまれると、その声は、均等な音節から出発しながら、おのれの真の本性に固有の抑揚や高低の変化を自動的に帯びるようになる[12]」。つまり、あらゆる運動する身体は、何かを意味する諸要素の平等性の法則に従えば、自動的にそれに固有の真理を表現するというのだ。こうしたモデルの定理は、一見すると、追跡の論理を仕上げるための、ショットにおける狩猟の論理と調和しているように思われるが、実際はここにはある決定的な隔たりがある。というのも、モデルに期待されている真理とは、ショット＝標的の連鎖によって生み出される効果とはまったく異なる効果であるからだ。モデルはおのれの真理を述べることを余儀なくされるが、演出家はその真理を予期できない。連鎖するショットや葛藤する意志の秩序立てられた機構は、自動人形のもつ自由に席を譲るのである。自動人形とて、そのような自由がもたらす効果を制御することはないが、演出家がその効果を制御することはなおさらない。とすると、知は非‐知と、意志は非意志と一致するようになるわけである。

シネマトグラフにおけるモデルは、こうして、メーテルリンクやゴードン・クレイグたちのような、俳優の物まねを取り除きたいと思っていた演劇人が提起した問題に、解決策をもたらすように思われる。俳優の物まねは、彼らにしてみれば寄生的な現象であり、戯曲の台詞がもたらす運命的な力能を表現するには不適切である。そうした力能に対しては、特有の身体――抑揚や身振りを一定の感情に添わせる習慣にいっさい汚されていない身体――が必要とされた。だが、そのような身体は、アンドロイドや超人形といった、生命のない身体でしかありえなかった。生きている自動人形、つまりモデルの身振りと台詞の機械化によって解き放たれる精神的な自動人形を用いるという点で、シネマトグラフは見たところ、演劇のもつジレンマから抜け出している。とはいえ、その成功は二つの問題を提起する。まず最初に、シネマトグラフの芸術がそれに固有の差異を打ち立てるのは、その芸術にあって最も「演劇的」な要素、すなわち作中人物どうしの対話がもっぱら対象となる箇所においてである。『少女ムシェット』における移し替えは、その点で典型的である。ブレッソンは筋立てを作り直し、小説が提示するイメージを退けて、ベルナノスにとって大切な、泥でぬかるむ北部の雰囲気をプロヴァンスの光の中に投じている。代わりに維持されたのは、小説において最も「映画的」でないもの、フローベール以来、小説家の十字架となったもの、すなわち対話である。小説家たちはしばしば、作中人物の知覚のうちに対話を溶け込ませようとしていた。ブレッソンは対話を、ぶつかり合う台詞の塊に仕立て直している。そして、文学のテクストをどのように言うかによって、シネマトグラフにおけるモデルは〈映画に撮られた演劇〉の俳優と対立するのである。

だがここで、二番目の問題が提起される。抑揚のない口調で発せられる均等な音節の自動現象が生み出す「真理」とは正確にはいったい何なのか、と。この点については、『田舎司祭の日記』が厄介な論証を提示していた。公教要理《カテキズム》で、よい生徒のセラフィタが聖体拝領についての章句を完璧に暗誦する。司祭は授業の終わりに彼女を脇に呼んで褒め、早くイエスの身体を受け取りたいかどうか尋ねる。「いいえ」と彼女は答える。「起こるときに起こることとです」。ではなぜ、司祭の言うことをそんなによく聞くのか。セラフィタは生意気にも「先生の目がとても綺麗だから」と答え、舞台裏からは彼女と秘かに通じ合っている仲間たちの笑い声が聞こえてくる。結局のところ、覚えさせられた言葉を正確に言ってみせたセラフィタは、映画作家がモデルに要求することを行っている。しかも彼女は、いかなる表情を付けることもなく、公教要理の口調とも言われるまったく平板な口調で、それらの言葉を言ってみせたのだ。彼女はそのようにして、いったいどのような真理を啓示したのか。ともかくそれは、受肉の真理ではない。彼女の答えは逆に、受肉した真理の見張り番たる司祭をからかうものだ。また、挑発の裏に何らかの親密な真理が隠されているとしても、その真理が知らされることはないだろう。公教要理の章句と挑発的な文句を同じ口調で発し、肉と化した御言葉の真理を述べる言葉に重要性を与えることを拒み、それを美しい目をした若い男の発する甘言としかみなさないことで、セラフィタは命じられた道筋に沿って台詞を言うことへの服従と、そのことを通じて期待される効果を引き渡すことの拒絶を、見分けのつかないものにしているのである。

ムシェットのパフォーマンス

セラフィタの厚かましさ、つまり台詞には従いながらも、その意味を実現することは拒むという能力は、当然、神の僕をひどくがっかりさせるものの、カトリック作家［ベルナノス］にとってはまた別の意味を持っている。この作家は、二枚舌を操ることができるとはまったく思われていない人々――貧者とその子供たち――にみられる静かな不服従の力に気を配っているからだ。ムシェットにあっては――彼女についての物語を、ベルナノスは『田舎司祭の日記』刊行の二年後、彼の政治的信条を覆したあのスペイン内戦の最中に書いている――、セラフィタの腹黒さは抵抗の実際的な美徳へと転じる。ムシェットは、フランコ派の死刑執行人によって死に追いやられ、自分では制御できない運命と向き合う共和派スペインの女子供たちが体現する、「貧者たちの高貴さ」の代表者となる。ベルナノスの政治的感性を持ち合わせていないブレッソンは、それでもムシェットに、思いがけない兄弟——革命の幼き殉教者ジョゼフ・バラ［一七九三年のヴァンデの反乱の際に「共和国万歳！」と叫んで殺された一四歳の若き兵士］——を与え、しかも彼女の厚かましさ、すなわち貧者たちの高貴さにふさわしい声と身体を与えるという挑戦を受けて立っている。そのため、みずからの真理を引き渡すモデルという理論は、ムシェットの声を経由するものの説明として十分ではありえないのだ。実際、彼女の発する声の線はそろって、厚かましさのパフォーマンスの方へと向けられている——それを成就することになるのは、父親の説教じみた話に対して放たれる「糞食らえ！」であり、［森番の］マチュー夫妻の捜査に対する挑発的な答えとして言われる「アルセーヌさんは私の愛人です」という台詞である。演出がしなければならないのは、彼女の身体から、こうした厚かましさに適した声、追跡のシナリオに含まれるような台詞の応酬から逸脱していく、一つの身体に発する声を生じさせることである。そのような力能は、ムシェットの台詞のうちにも沈黙のうちにも、そして彼女の身体がおのれに与えられた指示を受け止め、吸収し、あるいは曲解する仕方のうちにも、構築されなければならない。ムシェットは口をきかないことが多く、時には手で語ったり、さらには足で語ったりする——彼女は好んで自分の足を敷石に打ち付けて音を立てたり、泥の中に擦り付けたりして、女教師や信心深い女たちの文明化された空間に混乱をもたらす。そのような悪意は、一つの積極的な能力となって、もはや泥をいじくる手や足を経由するだけにとどまらず、「表情に乏しい」とされる台詞の光沢のなさそのものにある固有の震えを与えるような台詞の輝きのうちに顕現しなければならない。ムシェットのもつ抵抗の力、演出家はそれを、追跡のシナリオ――語りの上での、そして視覚面での――に対して同じ隔たりを保ちつつ、彼女の声、眼差し、身体を調和させるやり方として構築しなければならないのだ。

そのような「追跡のシナリオからの」逸脱を見て取ることができるのは、アルセーヌが自分のあばら家の中で、警官から尋問されたらどう答えればよいかをムシェットに告げるシーンにおいてである。実際、そのシーンでは、台詞の二つの道筋が分化していく。最初の道筋は直線であり、台詞は最小限の情報のユニットに還元されて、抑揚がないと言われる口調で発せられる。それを主として担っているのはアルセーヌであり、彼は演出家としてムシェットにそのまま繰り返して言うべきことを口述し、矢継ぎ早に投げかけられる問いに対して、説明なしにそっけない答えを返す。「罠のことも言わなければならないの？――そうだ――警官にも？――そうだ」。ベルナノスの原作では、アルセーヌはわざわざムシェットのずる賢さについて論評し、一見したところ奇妙な指示をする理由を説明する。殺人の疑いをかけられるよりも、密猟を認めた方がいい、と[5]。ブレッソンの映画では彼はイエスかノーかでしか答えず、だからこそオフで話すことが許されている。ムシェットの役割はそれとは異なる。彼女の声は決してオフの声にはならず、他の声よりもはっきりと発せられているし、何よりも、注意深い身体とつねに結びつけられている。だが、注意深くあるといってもそ

『少女ムシェット』（ロベール・ブレッソン、1967 年）

の様態はさまざまであり、注目に値するのはアルセーヌに向き合うムシェットが取り入れる様態である。アルセーヌが命令を発するのは、自分の前方へ、私たちに向かってであり、ムシェットはその命令を斜めに受け取る――あたかも彼女がうまく切り抜けようとしているかのように、あたかも彼女の横向きの身体が、映画が時にはほとんど戯画すれすれのところまで押し進めている最小限の情報の道筋に対して、まさに斜めに切り込む観点を導入しているかのように。異議を申し立てているのは、台詞だけでなく、彼女の「注意」の向け方それ自体、他人の台詞を吸収しながらも、それをどうするかは顔に出さないという彼女の様態でもある。この地点において、声の自動人形にそなわる機械的な単調さは、顔の自動人形のずっと複雑な論理に出くわすことになる。

「動く身体の上で、それ自体動く頭に付いている、動く両目」[13]――ブレッソンはこのようにモデルを定義する。そして、本作において映画史で最も驚くべきパフォーマンスの一つを実現するナディーヌ・ノルティエ以上に、その定義にふさわしい者はいない。彼女がその顔立ちを貸し与えているムシェットの顔は、［胴体に］連結された顔として現れる――その顔が据えられる身体は、灰色の上っ張りをまとうことで、また顔の片側だけを照らし、顔以外の部分を闇に退ける明暗法の効果によって、しばしば不明瞭になっている。その顔の丸さは、突き出た頬骨のせいで目立つだけでなく、黒髪や、両側にぶら下がる途方もない髪の房との対比によって強調され、夜のシーンにあっては顔の明るさと黒い上っ張りとの対照によって、昼のシーンにあっては黒い目や黒髪と明るい色のシャツやスカートとの対照によって目立たせられ、さらに最終的には両目の動き――瞳と同じく白目も使って、絶え間なく開いては閉じ、上げ下げし、脇や後ろの方を向く――によっても際立たせられている。

ムシェットの顔はこのように、映画の白黒を凝縮し、強化する「白黒の顔」のようなものであり、スクリーンとしての顔であり、さらには、諸々の記号が刻印される表面として機能する、スクリーンとしての目である。だがこの表面は、刻印されたものを増殖させ、分散させる。この顔の表表面上で、台詞や行為やスペクタクルはさまざまな運命をたどる。それらは、台詞を映し出す過程で意外な展開をみせることもあれば、「目に見えぬ風」が「通りすがりに彫刻を施していった水」の表面によって伝えられるような仕方で(14)、ひっそりと顔に彫刻を施すこともあり、時には吸い込まれて見えなくなってしまうこともある。ムシェットは絶えず注意を向けている状態で表されているが、その注意は二つに分けられている。一方でそれは、様子を窺う動物の行動として、互いに嵌まり込んだ複数の狩りというシナリオに従うものだが、他方でムシェットは自分の身に起こることを単に吸い込んで、それを思考に変化させているようにみえる——その思考が私たちに伝えられることはないにしても。だとすると、「貧者たちの高貴さ」は、形式に関わる能力に変化することになる。ベルナノスは、ムシェットのうちに起こっていることと、そのなかで彼女の理解が及ぶものとの隔たりを強調していたのに対して、ブレッソンは、少女の身体に、自分の身に起こることを自分自身のために総括するという積極的な能力を与えている。諸々の記号を受容する表面は、その機能に反対しはじめ、記号を吸い込んでは放出せず、語らないことの積極的な能力を主張するようになる。そうすると、狩りの極限的な地点は、狩りの獲物が逃げて行ってしまう地点となる。自分の「内的真理」を啓示するはずだった獲物は、むしろある不透明化の力を顕示する。だがその不透明化は、単に作中人物の地位に関わるだけでなく、追跡の論理に逆らう対抗‐運動を生み出すことで、映画それ自体の連鎖の論理に影響を及ぼす。この語る身体は、さまざまなやり取りを経て直線的に進んでいく道筋を免れることで、同時に、「イメージの言語」という企図を崩壊させる。その身体がなす対抗‐パフォーマンスは、イメージが言語的要素と同一のものとなることも、ショットが単に言語や語りの一部分として他の要素と連鎖することも妨げる。そのとき、映画が文学の言葉を用いてなすことは、文学が視覚的な喚起によってなしていたことと同等となるわけだ。ベルナノスにおいては、イメージは語りを不透明化し、そのため意志どうしの葛藤という論理に真っ向から逆らっており、すでに見たように、ブレッソンが施すイメージの断片化は〔通例とは〕逆向きに作用して、イメージの連鎖を狩りの筋立てに対応させていた。しかし、文学の語句を用いた語る身体のパフォーマンスは、そうした適合の作業に対立するようになる。実のところ、ムシェットの語る身体を使って、映画作家は別の物語、語りの線を二重化し、その論理を反転させるような特異なパフォーマンスから成る物語を構築しているのだ。そのパフォーマンスは、抵抗や挑発に属するものであることも、積極的な妙技に属するものであることもある。

抵抗と妙技

前者の形態は、死者の通夜をする老婆と出会うシーンにその最良の実例を見出せる。ブレッソンがそのシーンで、ムシェットに利するように、ベルナノスの論理をすっかりねじ曲げているからだ。ベルナノスの小説では、これは誘惑のシーンである。死者の通夜をする老婆――死者に恋する女でもある――は、若き日に起きた重大な出来事をムシェットに語る。病気になった良家の若い娘を看護しているうちに、彼女の生命をいわば吸い取っていたという話である。ムシェットは、一種の麻痺状態――「彼女の周囲に、目に見えない糸を張り巡らせている」ような「奇妙な優しさ」(15)――に囚われながらその話に耳を傾ける。その結果、ムシェットをその運命に向けて押しやっていく、あの生と死の間の状態が生じるだけではなく、二度目の強姦がなされる。老婆がムシェットから秘密をもぎ取ることになるからだ。その告白は［省略されているので、言うなれば］画面外でなされることになるが、シークェンス末尾では、肘掛け椅子に身を丸めた老婆が［ムシェットの服の上を這う両手の］指を「目に見えない獲物を追いかける二匹の小さな灰色の獣」のように揺り動かすさまが示されることで、私たちにも告白に伴う苦しみを共有させている。その後、叙述は一挙に自殺の舞台背景を据える。「それは細粒砂の採取場だったところで、長らく見棄てられたままだった[16]」。ところが、ブレッソンの演出は、そのような捕獲のシーンを抵抗のシーンに変えている。ムシェットの麻痺状態は、逆の意味を帯びる。肘掛け椅子に深々と座り、牛乳を入れるブリキ缶をしっかり握り、頬を膨らませたムシェットは、斜めを見やるその眼差しによって、［老婆がムシェットを］誘惑しようという気をことごとく追い払っている。彼女の秘密がもぎ取られることはもはやありえない。彼女は唯一の返答として、雄弁な老婆の絨毯に、泥だらけの足を丹念に擦り付けるだけだ。身体は不可解な表面となったのであり、この泥を除いて、もはや何も送り返してこない。そして、ムシェットの身体がこうしてそれ自体へと撤退することで、彼女はおのれの死の行為を完全に制御することになるだろう。衝突し合う意志や、連鎖する原因がなす陰謀の犠牲となり、おのれの真理を引き渡すように強く促される身体は、人がそれに言わせたりやらせたりしたがっているものをことごとくかわすのである。

　だが、ムシェットの活動はこうした挑発の身振りに限られるわけではない。ムシェットは、それがまさしく彼女のパフォーマンスであるような身振りと行動を作り出すというおのれの能力をはっきり示している。模範となるエピソードはもちろん、癲癇の発作に見舞われたアルセーヌを彼女が落ち着かせるエピソードである。映画は原作をかなり細かくたどっているものの、いくつかのちょっとした違いが隔たりを押し広げている。その違いとはまず、ムシェットが歌う曲である。ベルナノスの叙述で彼女が歌うのは、大衆酒場の蓄音機から流れているのを日曜日ごとに聞いていた「黒人舞踏の曲」、「先生の［お気に入りの］曲」がすぐに記憶から消え去っていくのに対して、どうしても頭から離れない曲である。ところが、彼女がここで歌うのは、まさに先生の曲、先生がムシェットに正しく歌わせようとむなしく骨折っていた、賞品授与式のあのカンタータであり、あたかも歌が自分のものになったかのように、例のシのフラットも問題なく歌われる。ベルナノスの小説では、歌は若き日のムシェットに突然啓示された「秘密」だったのであり、彼女は歌に「両手を浸し」たいと思う(17)。しかし歌は止み、［倒れたアルセーヌの頭を支えていた］両手は空っぽになる。ブレッソンの映画では、両手が空っぽになることはない。歌の後にやって来るのは、歌に先立っていたもの——つまり、微笑み——の反復である。それは成功を収めたことに由来する微笑みであり、しかもその成功は二重のものである。それはまず、状況に対する反応としての成功であり、密猟者が数分後に強姦することになる少女は、今のところ、この男を子供として扱って、賞品授与式のカンタータを子守歌に変えることでなだめている。だがムシェットの成功は、より秘められた逃走線にして、遊戯に対する能力、一種の妙技の明示でもあるのだ。

この映画に固有の創意とは、モデルの理論とはほとんど関係のない、ムシェットのそのような秘められた妙技である。人はもちろん、有名なバンパーカーのシークェンスに思い至るだろう。なるほど、ブレッソンがまるまる付け加えた日曜日のお祭り――そこで森番と密猟者の抗争が始まり、ムシェットはそれに巻き込まれて押しつぶされることになる――は、この少女にとって、遊戯と暗黙の示し合わせの大いなる瞬間を味わう機会となる。とはいえ、一日の始まりにコーヒーを入れるもっと慎ましいシーンの方が、よりいっそう意義深いだろう。私たちはムシェットがそのシーンで、日常的な制約と戯れているのを目にする。彼女は腕の先に無造作にぶら下げたコーヒー挽きを振り回す。そしてポットをじょうろのように使って、並んだボウルを順番にすばやくコーヒーで満たし、同じやり方でミルクを入れるという遊びに興じる。それから熟練した手つきでふたを放り投げると、それがぴったりとコーヒーポットにはまる。習慣的《ルーティン》な行動は妙技の純然たる実践にして、無益な遊びとなる――スクリーン上では誰もこのカフェオレを飲むことはなく、ジンが手から手へ、口から口へ回されることで、捕獲の直線を前進させているのとは異なるのである。おまけに、映画作家はここでのムシェットを背後から見せている。あたかも彼女が内密に振る舞い、映画作家の眼差しを逃れているかのように。彼女は何だかはっきりとは分からない旋律を口ずんでいる。「黒人の曲」でも先生のカンタータでもなく、彼女の身振りの気楽さをそのまま声にしたような旋律だ。彼女はこうして、たしかに狩りの運動の中に運び去られながらも、同時に、別の推進力によって動かされている者としてみずからの独立性を表明しつつ、おのれに固有の逃走線を構築しているのである。

二つの映画的筋立て

こうしてわずかな隔たりによって、諸々の身体の「文学的」な転落は、混じり合うこともあれば分岐することもある二本の線に分割されるようになる。まさにそのような逃走線——あるいは、妙技の線——を、バンパーカーの楽しみや歌によって得られる成功にとどまらず、いま自分を辱めたばかりの食料品店の女主人がくれたクロワッサンを、後ろ向きに投げ返してパン籠の中に入れるという器用な身振りが追い求めている。その逃走線は、運命の重みを免れ、遊びとして再びわが物とされる自殺によって終わりを告げることになるだろう。原作では、老婆の話によって、そして老婆がムシェットに死んだ女性の服を渡すことによって、自殺が予感されていた。ムシェットの思考とベルナノスの散文において、死の観念が否応なしに増大し、少女をごく自然に池へと押しやっていくさまが見て取れたわけである。映画では事情が異なる。ムシェットは、斜面の下まで転がっていく子供の遊びをしているのだ。その遊びの最中に、ある障害物が邪魔をする。池に向かう身体の運動が、小さな茂みで止められてしまうのだ。そこで彼女は、身体に弾みをつけて障害物を乗り越えようとする。転がること三度目にして、彼女の身体は見えなくなるだろう。原作の最終行で、ヒロインは鼻孔に「まぎれもない墓石のにおい」が上ってくる一方で、生命が逃げていくのを感じていた。[18] 映画の末尾には、大きなざぶんという音に揺るがされて、すぐに穏やかさを取り戻す水面があるばかりだ。クレジットに先立つ場面で象徴化されていた死／運命は、子供の遊び――芸術の遊びとさえ言いたくなる――となったのである。

とはいえ、それは少し先を急ぎすぎだろう。というのも、最初に斜面を転がって、二度目に転がる前に、映画作家は小説に由来するエピソードを差し挟んでいるからだ。原作の少女と同じように、映画のヒロインもある物音に注意を惹かれる――原作では荷車だが、ここでは近代化によって否応なくトラクターになっている。ムシェットは遠くにいるその運転手の方向に手を挙げて、助けを求めているようでも、知り合いに遠巻きに挨拶しているようでもあるかすかな身振りをしてみせる。またとりわけ、死者の通夜をする女性の家を出てから自殺に至るまでに、ブレッソンは、狩人たちが野兎を虐殺するという、先に触れた原作にはないエピソードを挿入し、それが獲物を決定的に捕獲することになる追跡の大いなる論理を強化しながら、独自のやり方で結末を予感させている。

こうして、映画の最初から終わりまで、二本の線が相携えて進んでいて、二つの論理が絡まり合っていたことになるだろう。原作の周囲に、映画は一つならぬ二つの映画的筋立てを構築しているのだ。一方で、映画作家はショットを断片化して、それらの機能を厳密に規定することで、超－ナラティヴ性の原則を活用する。彼は文学の叙述にみられる生気のなさと断絶を、演出の手続きがフィクションの素材と正確に適合するような、狩りの物語に変えるのだ。彼はこうして、文学における感覚性をそれ自体の背後に後退させ、表象的な連鎖の古き論理へと向かわせる。狩猟の筋立てにそなわる直線性は、作用［＝行為］と反作用の厳密な原則によって統御される、断片どうしの連鎖の論理によっていっそう強められている。これは〈中継としてのイメージ〉の論理であり、そこでは記号を超え出るものは何もない。

だが他方では、映画作家による「狩り」は、黙せる言葉の美学的な力能を逆に先鋭的なものとする別の論理を構築している。その論理が引き合いに出すのは、自動現象、つまり「モデルたち」の「内的真理」を自動的に啓示するような、意味する諸要素の平等性である。だが、その「啓示」そのものが囮なのであって、自動人形の構築が生み出すものはむしろ、ショットの表面に、断片化がそこから取り上げようとする傾向にあった、内的な密度と連鎖からの分岐の力を返却する〈スクリーンとしてのイメージ〉の論理なのである。モデルに課せられる制約が生み出すものとは、彼らの台詞や身振りの「イメージの言語」への従属ではなく、そのような言語に逆らうことによっておのれに固有のパフォーマンスを構築する身体の力能である。「イメージの言語」とは一つの言語などではなく、互いに食い違う詩学の間の妥協であり、可視的な提示、語られる表現、語りの連鎖の諸機能が複雑に絡み合ったものなのである。

この映画作家の作業は、〈中継としてのイメージ〉の論理と〈スクリーンとしてのイメージ〉の論理がほとんど区別できないような線を構築し、両者をひとまとめにして、ムシェットと映画が同時に消え去っていくあの澄み切った池まで導いていく。文学の後に来るのは、純粋なイメージの芸術や言語でもなければ、古い表象的な秩序への回帰でもなく、むしろ、文学の素材を一方では後ろ側に、他方ではそれ自体の前方へと引き寄せる二重の過剰である。それはまさしく、私が他の場所で、妨げられた作話［la fable contrariée］の論理と呼ぶように提唱したものにほかならない。(19)

原註

（1）Stéphane Mallarmé, « Crayonné au théâtre », in *Œuvres complètes*, Paris, Gallimard, 1945, p. 300.［「芝居鉛筆書き」渡辺守章訳、『マラルメ全集Ⅱ』、筑摩書房、一九八九年、一六〇頁］

（2）Maurice Maeterlinck, « Le tragique quotidien », in *Le Trésor des humbles*, Bruxelles, Labor, 1988, p. 101.［「日常の悲劇」山崎剛訳、『貧者の宝』、平河出版社、一九九五年、一〇七頁］一九一二年のモスクワにおけるエドワード・ゴードン・クレイグの『ハムレット』演出をめぐる資料は、フランス国立図書館のクレイグ・コレクションに保管されている。同じくクレイグに関しては、以下も有益である。« The Ghosts in the Tragedies of Shakespeare », in *On the Art of the Theatre*, London, Heinemann, 1980, p. 264–280.

（3）Robert Bresson, *Notes sur le cinématographe*, Paris, Folio/Gallimard, 1995, p. 135を見よ。［『シネマトグラフ覚書』松浦寿輝訳、筑摩書房、一九八七年、一九一頁。「あらゆる事物の平等性。果物鉢も、自分の息子も、サント・ヴィクトワール山も、同じ眼と同じ魂で描くセザンヌ」という断章を指す］

（4）Georges Bernanos, *Nouvelle Histoire de Mouchette*, Plon/Pocket, Paris, 1997, pp. 65 et 67.［『少女ムーシェット』天羽均訳、晶文社、一九七一年、六〇―六一頁、および「新ムーシェット物語」松崎芳隆訳、『ジョルジュ・ベルナノス著作集２』、春秋社、一九七七年、三一〇―三一一頁。ここでは、両者を参考にしつつ新たに訳出した。以下、参考までに二つの邦訳の該当箇所を指示する］

（5）André Bazin, « *Le Journal d'un curé de campagne* et la stylistique de Robert Bresson », in *Qu'est-ce que le cinéma ?*, Paris, Éditions du Cerf, 1997, p. 110.［「『田舎司祭の日記』とロベール・ブレッソンの文体論」谷本道昭訳、『映画とは何か（上）』野崎歓・大原宣久・谷本道昭訳、岩波文庫、二〇一五年、一八三頁］

（6）Bernanos, *Nouvelle Histoire de Mouchette*, p. 11–12.〔天羽訳八―九頁／松崎訳二七九頁〕
（7）Bresson, *Notes sur le cinématographe*, p. 18.〔邦訳八頁。訳文は一部改変〕
（8）*Ibid.*, p. 93–94.〔邦訳一二六頁〕
（9）*Ibid.*, p. 24.〔邦訳一七―一八頁〕
（10）*Ibid.*, p. 22.〔邦訳一三―一四頁。「一つの色が他の色との接触によって変化するように、イメージは他のイメージとの接触によって変化しなければならない。緑の横に置いた青、黄の横に置いた青、赤の横に置いた青はそれぞれ違う青だ。変化のないところに芸術はない」。訳文は一部改変〕
（11）*Ibid.*〔邦訳一四頁。「シネマトグラフの映画においては、イメージは、辞書の単語と同様に、その位置と関係によってのみ力と価値をもつ」。訳文は一部改変〕
（12）*Ibid.*, p. 41–42.〔邦訳四五頁。強調原文。訳文は一部改変〕
（13）*Ibid.*, p. 41.〔邦訳四三頁。訳文は改変〕
（14）*Ibid.*, p. 77.〔邦訳一〇一頁。「目に見えぬ風を翻訳すること、それが通りすがりに彫刻を施していった水でもって」〕
（15）Bernanos, *Nouvelle Histoire de Mouchette*, p. 129.〔天羽訳一一九頁／松崎訳三四四頁〕
（16）*Ibid.*, p. 141.〔天羽訳一三〇―一三一頁／松崎訳三五一頁〕
（17）*Ibid.*, p. 59.〔天羽訳五三頁／松崎訳三〇六頁〕
（18）*Ibid.*, p. 154.〔天羽訳一四四―一四五頁／松崎訳三五八頁〕
（19）cf. Jacques Rancière, *La Fable cinématographique*, Paris, Éditions du Seuil, 2001.〔『映画的寓話』中村真人・堀潤之監訳、インスクリプト、近刊〕

訳註

［1］ドミニク・サンダ演じる「やさしい女」は、『ハムレット』第三幕第二場の次の台詞を読み上げ、画面にも該当箇所が映し出される。「さあ、今の台詞をやってくれ。俺が言ってみせたようにさりげなく自然にな。大抵の役者がやるようにやたらにがなり立てるくらいなら、布告をふれ回る町役人のほうがまだましだ。まった、こんなふうに大げさに手

で空を切ったりせず、すべて穏やかにやるんだぞ。気持ちが高揚して奔流となり、嵐となり、あるいは竜巻のようになるときこそ、むしろ静かに表現する抑制が必要だ」(松岡和子訳、ちくま文庫、一九九六年、一二八―一二九頁)。

［2］天羽訳一二頁／松崎訳二八一頁。

［3］「怒りに駆られたムシェットは最後の女の子たちに一握りの泥を投げつけたが、泥は音もなく路上でつぶれてしまった。しかし彼女たちは振り向きさえしなかった」(天羽訳一四頁／松崎訳二八二頁)。

［4］それぞれ、『スリ』で主人公の捜査にあたる刑事、『バルタザールどこへ行く』でマリーを籠絡する不良少年ジェラール、『やさしい女』で妻を囲い込む夫、『白夜』で恋人に捨てられて身投げしかけるマルトを指す。

［5］天羽訳三〇頁／松崎訳二九二頁を参照。

第二部　芸術の境界

芸術のための芸術――ミネリの詩学

主題とジャンルの等価性

ミネリの最も有名な映画の一本である『バンド・ワゴン』が舞台に乗せるのは、ニューヨークの最先端の演出家ジェフリー・コルドヴァ〔ジャック・ブキャナン〕と、昔風のミュージカル・コメディのスターであるトニー・ハンター〔フレッド・アステア〕を対峙させるような衝突である。ただし、前衛の代表者と、商業的な大衆娯楽の代表者の間には、意見が一致する点が少なくとも一つはあり、「世界は舞台、舞台はエンターテイメントの世界」という、ある歌〔《ザッツ・エンタテインメント》〕のリフレインはその一点を要約している。このリフレインには、二つの考えが含まれる。第一の考えは、芸術家《アーティスト》は上演＝表象〔représenter〕する以外のことは何もしない、というものだ。フローベールもおおむね同じことを言っていたし、ミネリもまさにそう考えている――たとえミネリが検閲の制約のせいで、〔一九四九年の映画版において〕『ボヴァリー夫人』の作者が法廷に向けて、自分の本に込めたきわめて道徳的な意図を打ち明ける姿を描かざるをえないとしても、あるいは、『黙示録の四騎士』のシャルル・ボワイエが、息子にあまり説得力のない戒めを与えて、耽美主義からアンガジュマンに移行するように急かすとしても。芸術には、政治に対しても道徳に対しても、釈明すべきことは何もない。耽美的な息子は最終的にはレジスタンスに命を差し出すことになるが、ミネリのカメラの前では、ドイツ占領下のパリもベル・エポックのパリも、ドイツ軍の制服が高級レストランの舞台背景に加える新奇な色のニュアンスによってしか違わない。それにまた、英国空軍の飛行機が飛び立つ背景をなす夢幻的な色彩は、科学技術の進歩を別にすれば、『踊る海賊』の純粋に遊戯的なバレエからじかに出てきたようにみえる。芸術に釈明すべきことが何もないのは、その崇高なまでの高尚さゆえではなく、逆に、それが娯楽と完全に同一のものであるからだ。芸術は人生を楽しませ、それもまた人生を変える一つのやり方なのである。ミネリはＭＧＭの映画作家であり、ＭＧＭは自社の作品であることを告げるため、どの映画の冒頭にも吠えるライオンを登場させるが、それを冠状に取り巻くラテン語の文字は見逃されがちだ。そこに書かれていることを人が予期しないその文字は、「芸術のための芸術［Ars gratia artis］」なのである。

第二の命題は、第一の命題からおのずと生じる。つまり、芸術にはジャンル間の階層秩序《ヒエラルキー》などない、ということだ。ジェフリー・コルドヴァは、「それが心を動かせば、刺戟を与えれば、楽しませれば《エンターテイン》、それは演劇なんだ」という言葉で、異論を唱えるトニー・ハンターを遮る。ジェフリーがソポクレスを舞台に乗せる一方で、トニーはミュージカルの歌手にしてダンサーであるわけだが、〔ソポクレス作の〕『オイディプス王』は別種のミュージカルであるにすぎず、逆にトニーの友人たちの書くミュージカル・コメディは『ファウスト』の現代版なのである。ところで、『ファウスト』と言えば劫罰の物語である。それゆえ、演出家は『ファウスト』を花火を使った演し物《スペクタクル》に仕立て上げ、フレッド・アステアとシド・チャリースは濡れた爆竹と息が詰まるような煙のせいで危うく窒息しかけるわけである。

ジェフリー・コルドヴァのものの見方《ヴィジョン》とヴィンセント・ミネリのそれとの違いは、いったいどこにあるのか。ミネリもまた、どんな主題でも好ましく、「自分の父親を殺したやつ」〔オイディプス〕が生み出す感情と、翻るスカートが生み出す感情は同じ性質のものだと考える。それに、燃え盛る炎は、彼の作中人物〔ジェフリー〕が手がける演出と少なくとも同じくらい、彼の映画の中にも溢れかえっている。スペクタクルを生み出すためのものなら、ミネリにとってはすべてが好ましいものであるようだ――ハロウィンのお祭りや万国博覧会の花火であれ（『若草の頃』）、夢想的なマヌエラが俳優セラフィンの海賊マココへの変身を眺めるときの想像上の炎であれ（『踊る海賊』）、レジスタンスによって爆破されたドイツ軍の自動車が上げる「実際の」炎や、老マダリアーガの大農場の暖炉に燃える火や、嵐と黙示録と一緒になって家長を打ち倒す雷であれ（『黙示録の四騎士』）。

違うのは、ミネリの熾す火は煙を立てないことである。火の存在を告げ知らせる煙とは、要素間、ジャンル間の混同のことである。煙が劇場において演出家たちのお気に入りの手管であるのはそのためだ――彼らはシェイクスピアと〔タップダンサーの〕ビル・ロビンソン、もっと言えば〔ボクサーの」シュガー・レイ・ロビンソンの間に違いがないことを示したがるのだから。[1] ジェフリー・コルドヴァもそうした手合いの一人として、前衛の伝統を継続する。彼は要するに、マラルメとメイエルホリドの時代以降、偉大な詩が大衆的なパントマイムやサーカスの見世物《スペクタクル》やボクシングの試合と取り結ぶ新たな同盟を夢想したり、試みたりしてきた伝統の継承者なのである。ミネリはどうかと言えば、彼が表象したがっているのは、ジェフリー・コルドヴァがその炎を掠め取ろうとしている旅回りの役者たち、シェイクスピアは仲間であると説明してやる必要のない——なぜなら、ずっとそう心得てきたから——役者たちである。ミネリにとって害悪をなすのは、偉大な芸術と大衆芸術を結合させることではなく、両者を結合させているのを示したがること、実地においては多かれ少なかれつねに生じてきたその結合を、前衛芸術家の価値を高める逆説《パラドクス》という様態で行うこと、つまり娯楽を芸術の水準にまで「高めよう」として、総合的なスペクタクルという思い上がりのうちに、諸々の主題とジャンルの特異性をことごとく消し去ってしまうことなのだ。世界大戦の炎がハロウィンの炎に呼応し、舞台上のバレエが戦闘の身振りに変化しうるのは、それらをただちに共通分母に帰着させようとしないという条件が満たされる限りにおいてである。諸々の主題と感情が等価であることと、それらを混同するのは、まったく別のことだ。芸術のための芸術と娯楽は同じ事柄だが、そうであることを示したがると、同一性の戯画しか得られずに、再び溝が作られることになる。諸々の主題とジャンルの差異を尊重することが、それらの等価性を感じさせるための条件なのである。

天真爛漫な者たちのパフォーマンス

世界という舞台でも、劇場の舞台でも、そこにあるのはパフォーマンスの数々である。パフォーマンスとは、変化することのできる能力であり、ある一つのやり方で身振りを包み込み、演し物を方向転換させることであり続けてきた。それがあれば、別の世界に逃げ込む必要などない。ミネリに関してはとかく、夢の映画であるとか、夢と現実の闘いの映画であるとか言われるが、この対立は見かけほど明確ではない。というのも、夢の映像とはいったい何なのか。それはつねに、それ自体で異彩を放つ映像、要するに煙としての映像なのだろうか。『ブリガドーン』の主人公の夢は、田舎の市場や、スコットランドのキルトを穿いた男たちとちゃちな羊飼いの服に身を包んだ女たちのお祭りのシーンでイメージ豊かに描かれるときよりも、ニューヨークの社交界の集まりでのおしゃべりの最中に沈黙を生み出すときの方が興味深い。夢とは諸個人が行為《アクション》から身を引く状態のことであるとするなら、それはミネリの作劇法にはあまりふさわしからぬものだ。ミネリにおいては、リズムの変化がほぼつねに、速まるテンポ、荒れ狂うエネルギー、過激化する行為の方向に作動するからだ。たとえば『踊る海賊』では、マヌエラ［ジュディ・ガーランド］が恋い焦がれる「伝説の海賊の」マココは、彼女が与える身体によってしか存在しない。その身体は、ブルジョワの仲間入りをしてマヌエラとの結婚を望んでいる元海賊のでっぷり太った身体でもなければ、彼女を誘惑するために海賊であるふりをする大根役者セラフィン［ジーン・ケリー］の身体でもなく、彼女自身の身体、彼女のパフォーマンスする身体なのだ。彼女が熱のこもった愛の告白をすると、そのいささか不器用な、大人に成長した子供の身体はたちまち取り消され、代わりにもう一つの身体、踊りと歌のエネルギーによって輝かしいものに生まれ変わった身体が出現する。ミネリにあっては、バレエの炎はつねに夢の煙を追い払う。というのも、バレエは舞台となる場所のもっともらしさを取り消すことで、登場人物たちと彼らの心理状態を退けて、もっぱらパフォーマンスだけに場を明け渡すからだ。たとえば『巴里のアメリカ人』では、ジェリーが溜息をつき、リズの薔薇を拾い上げると、ジーン・ケリーとレスリー・キャロンはそれ以後、唯一の適切な事柄——すなわち、うまく踊ること、いかなるリアリズム的な方向づけからも切り離された書き割りの空間で、それ自体のうちに目的をもつような身振りをなすこと——に移行することができる。「現実」から「夢」への移行は、実のところ、フィクションの混成的な要素から純粋なパフォーマンスへの移行なのである。

ここでもまた、ミュージカル・コメディの職人たるミネリは、前衛の大いなる伝統と非常に近しいところにいる。その伝統は、芸術がその純粋なパフォーマンスを輝かせることができるように、物語という月並みなくだらなさを退けることを絶えず望んできた。それに対してミネリは、純粋さがそれだけでは決して立ちゆかないことを心得ている。バレエは、その宙吊りの優美さが、フィクションによって引き起こされるちょっとした胸の締め付けを受け止めない限り、一つの演し物《ナンバー》にすぎないだろう。ミネリの技芸のすべては、体制間の移行を遂行することにある。そのためには、身体がいつでも変形《メタモルフォーズ》できるようにしておかねばならない。それはまず、スピードの問題である。信念や、感情や幻影のゆっくりとした浸透や、良心の葛藤は、ミネリにおいては占める場をもたない。ミネリ版のシャルル・ボヴァリーが妻の憎しみを招くのも、フローベールの原作においてそうであるように捩れ足の手術に失敗したからではなく、手術を試みようとしなかったからなのだ。違いをなすのは、様々な状況を引き受ける能力である。その点で、夢想的なマヌエラは無味乾燥なシャルル・ボヴァリーよりも実践的であり、夢にのめり込むことなく、自分の演劇をやってのける。たとえば、海賊になりすましている男〔セラフィン〕が彼女を人質に望むとき、犠牲になると決まった彼女の悲嘆に暮れた台詞がオフの声で聞こえてくるが、次のショットでは、この美しき女が、喪服をいちばん綺麗な宝石類で飾り立てることで、「犠牲」になるための身支度をするさまが示される。私たちは続いて、この「犠牲になる女」が厳かに歩みを進め、代わりに身を捧げたいと申し出る女性を気高く押しのけて、「彼は私を求めているのです」と言うのを目にするが、この台詞は「死んでくれていればよかったのだ」〔『オラース』第三幕第四場〕とか「私がいる、それで十分」〔『メデー』第一幕第五場〕のような、何世代にもわたる詩学者たちにとって、コルネイユ悲劇の崇高さを凝縮するものだった台詞のパロディ的な等価物である。それから彼女は、相手の男〔セラフィン〕をマココだと思い込んでいるふりをして、高揚した様子で愛の告白をしてから、婚約者——〔村長の〕ドン・ペドロと偽る「真」のマココ——の所有物である「芸術作品」をその僭称者の頭に投げつけて壊す。マヌエラの大いなる演劇は、『若草の頃』の幼いトゥーティのもの言わぬ探険のう

『若草の頃』（ヴィンセント・ミネリ、1944年）

ちにすでに現前していた、変形《メタモルフォーズ》の視覚的な作劇法を発展させたものだ――同作のカメラは、時には恐ろしい隣人の住む家の方に進んでいく少女の取り乱した剝き出しの顔を、時には付け鼻の仮面をかぶって小さな悪魔に変装した姿を提示していた。ミネリにおいては、現働的《アクチュアル》なものしか存在しない。いかなる瞬間にも、マヌエラは躊躇わないし、熟慮もしない。いかなる瞬間にも、彼女はゲームの主導権を失うことがない。「夢と現実の遭遇」とは、ある意味ではまさしく演劇の快楽、つまり取り違えの、二通りに取れる言葉の、状況の逆転の快楽にほかならない。その快楽の核心にある知の差異――作中人物どうしの、観客と作中人物との、観客が期待するものと観客が見るものとの知の差異――を保証するような、エネルギー差の戯れこそが両者の遭遇なのである。「だが」その遭遇は、また別の意味では、フィクションとパフォーマンスのずれそのものである。おそらく、フィクションはそれ自体、パフォーマンスでしかないのだろう。だからこそ、マヌエラの物語も、演劇の舞台で終わる。とはいえ、セラフィンが身をもって知るように、演じるとは思われていない作中人物こそが、無邪気さの影に隠れてでも、俳優でしかない者に対してつねに特権をもつのである。

そのようなフィクションの特権は、ミネリにおいてはたいてい、戯れと真剣さのカードを自分に利するように切り直せる、天真爛漫な男女の特権である。親たちと子供たちの通常の関係を宙吊りにするハロウィンの放埒の方が、大根役者や道楽者たちの悪巧みよりも強力なのだ。それに、〔『恋の手ほどき』で〕大叔母アリシアがジジを職業的な尻軽女《ココット》にするために提供する訓練に増して効果を発揮するのは、この少女の「お芝居《シネマ》」――気取りのないいかさま――である。ジジはパリの社交界の名士たちの「花形」〔ガストン〕の腕に飛び込むよりも、キャラメル、シャンパン、ロバ乗りのような確立した報酬体系の特典を増やすことに関心がある。ジジもガストンも、夢と現実のどちらかを選ぶには及ばない。社会的な取り決めの交渉において賭けられているのはつねに、ジジは酒に酔い、ガストンは退屈から抜け出すといった、興奮〔excitation〕の可能性と程度である。問題なのはつねに、諸々の状況、慣習、関係、態度の体系を、それが含む諸々の興奮の機会を用いて保存し、獲得し、あるいは変更することである。興奮というまさにこの言葉によって、一九世紀初頭、コールリッジとワーズワースは新たな詩の力を定義した。その半世紀後に、冷静沈着な人々がエンマ・ボヴァリーの病気――小説にその主題を与えた、民主主義社会の新たな病気――を告発したのも、同じ言葉によってだった。こうした観点からすれば、海賊の愛人になるために逃避したがっている女冒険家と、セントルイスの家から出ずに隣人と結婚したい女性〔『若草の頃』でジュディ・ガーランド演じる次女〕とを対比する意味はほとんどないだろう。重要なのは、前者では投げつけられる胸像によって、後者ではシャンデリアを消すことによってなしうる演出なのだ。子供たちのお祭りの炎は、海賊が放つ火と同じ価値がある。だが時には、戯れの可能性を保ち続けるために、別の体系へと転じなければならないこともある。そこでもまた、熟慮は適切ではない。ジジは突如として、タータンチェックのケープとおてんば娘の茶目っ気を捨てて、社交界の尻軽女のドレスに着替える――課題をあまりにもうまく習得したために、予想できたとおり逆の効果を生み出すことになるのだが。つまり、若き花形は、すでに経験済みのことと似たものになる兆しのある状況と所作に退屈し、苛立ちを募らせるのである。

パフォーマンスからメロドラマへ

見せびらかしたり姿を変えたりする駆け引きは、首尾よく終わりを迎えることになる。ジジはガストンと結婚し、マヌエラはセラフィンの芝居の冒険に付き従うことになるだろう。このハッピーエンドは、ミュージカル・コメディのユートピア、もっぱらパフォーマンスの良き体制を探し求めることに還元されたフィクションのユートピアである。そのためには、フィクションの素材そのものが完全に人工的な世界を指し示さなければならない。それこそが、『踊る海賊』を締め括る有名な《ビー・ア・クラウン》の意味である。不幸は――メロドラマは、と言ってもいい――、ある社会的立場を占めることとともに、つまり父親との関係とともに始まる。道化師《クラウン》になるようにと助言したのは、私の記憶では、自分の叔父だとセラフィンは言っていたと思う。マヌエラの方には、父も母もおらず、叔母だけがいる。『恋の手ほどき』でも同様に、舞台裏での発声練習という純粋なパフォーマンスに還元されている母親を除けば、ジジには叔父や叔母しかいない。要するに、愛人関係やまとめるべき縁談の純粋なパフォーマンスを編制しつつ術策を作動させるのに打ってつけの、演劇的機能だけがあるということだ。メロドラマは、父親とか兄弟とか配偶者といった、フィクションを舞台上のパフォーマンスから、立場やイメージや遺産や敵対関係を伴った社会的コメディへと方向転換させる作中人物がいるときに始まる。『若草の頃』の作話《ファーブル》は、そのことを対当によって私たちに示してくれる――ハロウィンのお祭りは、親たちが子供に対してもつ力を宙吊りにすることで、劇《ドラマ》が不可能であるような世界を作り出すのだ。そのことを示すのは、幼いトゥーティがみずから脅えつつも人を脅かそうとする探険である。「最も恐ろしい＝最も上手に仮装した［the most horrible］」という栄誉に値するべく、彼女は年長の子供たちが誰も立ち向かおうとしない、恐るべきブラウコフの家を標的に定める。だが、エンターテイメントの舞台上では、不安は喜劇的に、つまり予期される結果と実際に生じることとの対比によって解消されなければならない。おぞましい隣人は「トゥーティが投げつける」小麦粉をひと言も発さずに受け止め、彼を守っている恐るべき大型犬も、実は主人と同じくらい穏やかで、その小麦粉を舐めるのだ。ブラウコフは道化師ではないものの、彼が示されるときには職業も家系も関わらない。後には、トゥーティが何体もの雪だるまを壊すという別のパフォーマンスによって、彼女自身の父親が、みずからの昇進と権威を諦めるに至るだろう。こうした代償と引き換えに、幸福なパフォーマンスの世界（一緒に歌を歌って和解する）にとどまりつつ、そこに苦悩という補足、それなしには興奮が甘ったるい感傷に転じてしまうようなフィクション上の感情という補足を含み込むことができる。子供時代とはまさしく、遊びの中に残酷さを含み込むことのできる状態の謂いなのだ。

こうした代価を払うことで、パフォーマンスとフィクションは、メロドラマに対して扉を閉ざしつつ、互いに結合することができる。メロドラマが始まるのは、フィクションが逆に、社会と呼ばれる「現実の」フィクションと結び合わされるようになるときである。社会に存在しているのは、過剰であるか十分でないか、つねにそのいずれかである父親たち――時にはその両方ということもある（『肉体の遺産』）――、決して同等の立場にはない兄弟――『底流』のあまりにも魅力的な兄、自分が特権をもっていることを恥じ入らせる私生児の兄（『肉体の遺産』のレイフ）、あるいは自分が落伍者であることを恥じ入らせる尊敬すべきブルジョワの兄（『走り来る人々』のフランク・ハーシュ）――、自分が欲したときには決して自分を欲してくれない配偶者（『蜘蛛の巣』、『走り来る人々』、『肉体の遺産』……）、そして善良な市民、あるいは放浪者という社会的アイデンティティである。こうした状況はすべて、身体が変形を遂げ、立場が逆転し、純粋なパフォーマンスへの移行がなされるのを妨げるという、同じ効果をもつ。そのとき、和解のバレエや、殺し屋たちをノックアウトする、ダンサーの芸術的パフォーマンス（『バラの肌着』）に取って代わるのは、悪しき兄を押しつぶす馬の蹄の荒々しさである（『底流』）。祭りのかがり火の代わりとなるのは発砲であり、それは悪しき夫の性的な所業（『肉体の遺産』）や、自分が置かれている状況から抜け出したがっている放浪者の夢（『走り来る人々』）にけりを付ける。『走り来る人々』のヒロインのジニー〔シャーリー・マクレーン〕は、トゥーティやマヌエラのフィクション上の姉妹であるのに、エンマ・ボヴァリーと同じく、不幸にも別の世界、「現実」の社会的な世界という大人の世界に投げ込まれている。この世界にもお祭りはあるが、それは道化師のパフォーマンスや〔ハロウィンでの〕子供たちの大騒ぎのうちに諸々の差異を無効化することを許さない。そこではバレエは舞踏会、すなわち社会的な儀式にすぎない。ヴォビエサールの舞踏会がエンマ・ボヴァリーを自分が置かれた状況から連れ出すとしても、結局、その状況はさらに揺るぎないものとなるしかない。その点で、パークマン〔『走り来る人々』の舞台となる架空の街〕の縁日は、ノルマンディーの侯爵の舞踏会と似通っている。色とりどりの電球の輝きは、そこでは社会的な舞台背景、せいぜい蛾が集まってきて身を焼くのにちょうどいい炎にとどまっている。自分には手の届かない「美しいもの」を識別する術をもつという、エンマの痛ましい幸福すら持ち合わせていないジニーも同じ目に遭う。若き花嫁となったジニーがかぶるピンクの羽飾り――それはエンマの乗馬用の帽子をぎこちなく奪い取ったもののようにみえる――や、〔ジニーに付きまとう〕嫉妬深い男の銃弾に殺されたという以上に、光に目が眩んだかのように死に至るジニーがもたれかかる刺繍入りのクッションは、パフォーマンスに付随する小道具ではない。それらは、お店で買える品物にすぎず、ジニーがいまわの際にあってなお、社会的な卓越性《ディスタンクシオン》の感覚――程度の差はあれ――をもつ他のあらゆる人々とは違う悪趣味の持ち主であったことを表しているのである。メロドラマとは、フィクションの臨界にして、パフォーマンスへの移行が妨げられ、

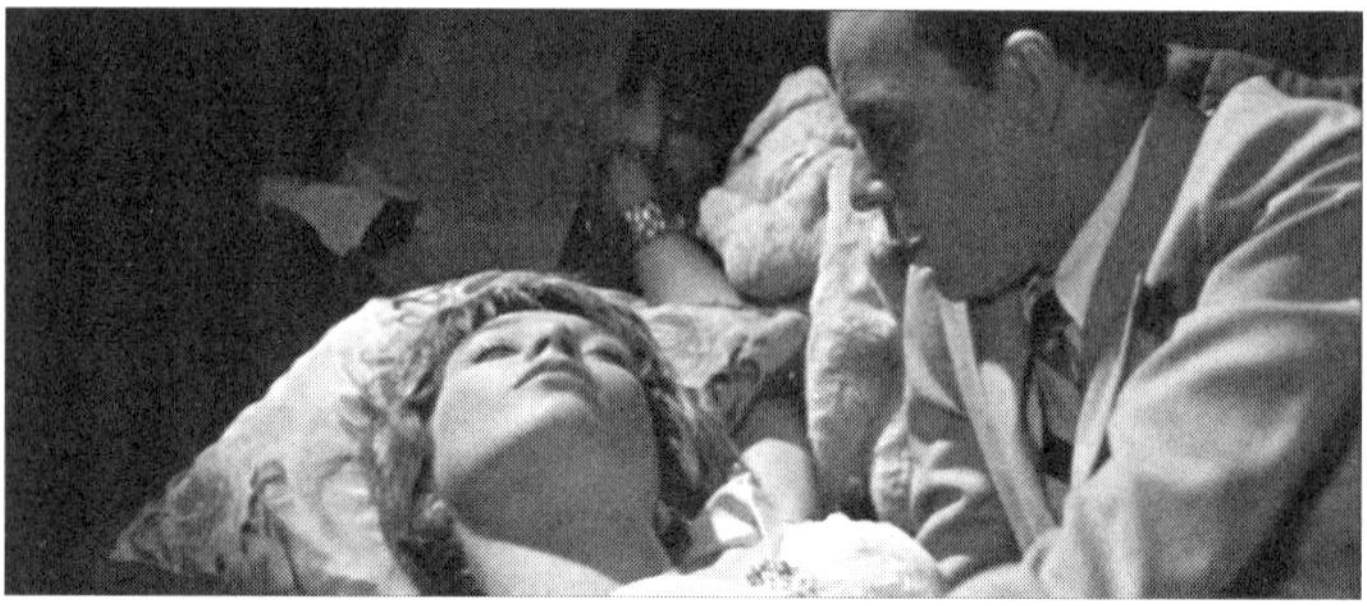

『走り来る人々』(ヴィンセント・ミネリ、1958年)

立場の交換が不可能であるような状況のことである。

『蜘蛛の巣』の教訓

危険はしたがって、夢にのめり込むことではなく、遊ぶことができず、表象=上演することができず、行うことができない、ということだ——ミネリのフィクションのうち最も奇妙な『蜘蛛の巣』の冒頭で、マカイヴァー医師の妻に向かって若いスティーヴィーが語る「白」とは、その状態を指す。精神科の診療所に入所しているこの若者は、真っ白の壁に取り囲まれた別の診療所に触れ、そこで死にかけている画家の「アンドレ・」ドランが、「もっと光を」と要求したいまわの際のゲーテのごとく、緑と赤を要求したことに言及する。白とは、興奮の零度、それ自体へと向けられた興奮、すなわち不幸なファミリー・ロマンスが際限なく繰り返される精神病院のことである。だが、このゼロ地点からこそ、ある種の形態のパフォーマンスが今度は取り戻されうるのではないかと思われる。ミュージカル・コメディの軽快さとメロドラマの悲愴さの間を、『蜘蛛の巣』

は模範的に橋渡しするのだ。本作では、劇のすべてが装飾をめぐる取るに足らない事件を中心に演じられるが、実はそれが演出の全構想を支えていることが判明する。装飾家、さらにはファッションデザイナーは、とかくミネリに与えられがちな形容句であり、「自分を取り巻く装飾に囚われた人間」はしばしばミネリの劇を要約するものとして提示される。しかしながら、演出の問題は、ここではまったく異なる複雑さを孕んでいる。まさしく、作品と作品の不在が関わってくるのである。映画の舞台となっている精神病院には、三種類の空間がある。病人が分析家の長椅子に横たわって話す診察室、眠りにつくための錠剤が摂取される寝室、そして仕事による治療的効果が発揮される工房である。問題のすべては、健康を保つために適切なのはどのような仕事なのかを知ることだ。患者たち自身が提起する答えは、以下のようなものだ。適切なのは、あたかも自分たちが健康であるかのように生活を組織し、施設の装飾を念入りに仕上げているのが自分たち自身であるかのように病人たちが振る舞えるような仕事である、と。そのため、図書室のカーテンの交換をめぐる事件が起こるのだが、メロドラマの主題としてこれは当然、まったく類例のないものと考えられよう。病人たちはスティーヴィーのデッサンに基づいて、まさに施設の生活を描いたカーテンを自分たちの手で制作したがっている。彼らはこうして、自分たちの作品、自分たちのパフォーマンスを生み出そうとするわけである。だが、彼らにとってのパフォーマンスは、もっとずっと小さなものでもありうる。広場恐怖症の少女スーにとっては、映画館に行くという決心だけでも、そのようなパフォーマンスでありうるのだ。モダニズムの伝統全体は、スペクタクルと観客の「受動性」を際限なく非難するが、ミネリはほとんど夢幻的ともいえる仰天すべきシークェンスでゲームをひっくり返している。そのシークェンスでは、少女に付き添うスティーヴィーが、［映画が終わって］無頓着な多数の観客たちが映画館の去り際に四方八方から彼女を掠めて通り、今にも大惨事を引き起こしかねないというときに彼女に道を作ってやることで、ミネリのカメラの敏捷さと群衆に囲まれた登場人物たちの間をすり抜けていくその能力を模倣するのである。映画館から帰ってくると、スーが帰っていく寝室から、独特の考えをもつキャップ氏が［身を横たえながら］精神安定剤の錠剤をむなしく摂取する寝室へと驚くべきカメラの動きがなされるが、それはミネリが好んでするように言葉抜きでエピソードの教訓を伝えることになるだろう。つまり、「受動性」といっても二つに分けられる、ということだ。観客であることもまた、パフォーマンスでありうる。そして、このパフォーマンスを映画の中で模範的な仕方で成し遂げるのは、ある子供、［マカイヴァー夫妻の息子の］マーク少年である。彼は自分の持ち場で孤独に遊んだり食事したりする者の場を黙ったまま泰然と占めながら、夫婦間のドラマを演じる登場人物たちが行き交うのを眺めては、階上で突然彼らの大声が響くのを聞くのである[1]。

フローベールもまた、すでにこう言っていた。違いは夢と現実の間にあるのではなく、興奮の二つの方向の間、作品へと外化する興奮と、病の形をとって「内側に流れる」興奮の間にある、と。この対立は、医者や正常な人々を病人から分け隔てる対立に行き着くことはない。その意味で、入所者たちの集会に権限を与える現代的な精神科医マカイヴァーの視点は、もっともである。「井戸の中に落ちた」〔スティーヴィーの台詞〕在所者たちの状態は、彼の妻カレンが化粧を落とすのを見せ、夫婦間の諍いに私たちを立ち会わせるありふれた鏡に映る病気と同じものを、拡大鏡のように提示しているにすぎない。そして、カーテンをめぐる事件では、正常な人々の病気は、入所者たちの病気と同じくらい激しく吹き荒れる。そのことを示しているのは、カレンが夫の不貞に対して仕返しをするにあたって、特定したばかりの愛人の家に行って、私たちの期待通りに夫の不意をつくのではなく、夜中に誰もいなくなった診療所に駆け付けて、施設の管理者の女性のカーテンと、入所者たちが準備したそれの代わりに、みずからのカーテン——良い趣味と彼女の愛の要求を同時に表しているカーテン——を設置するという並外れたシークェンスである。どのカーテンが「好ましい」わけでもなく、ミネリはスティーヴィーのデッサンを私たちに見せる一方で、完成したカーテンは見せないように気をつけている。ミネリもまた、カレンのカーテンを好んでいるということはありうる。だが何と言っても、親と子の立場が極端に重荷になっているから、あるいは愛の無限の要求が錯覚をもたらすから病気が引き起こされるのだとしても、その病気に対置すべき健康の規範などというものはないのである。なしうるのは、ただ「助ける」ことだけだ——息子と同じく扉の後ろで黙ったままでいたり、「患者たち」に権限を、芸術家に仕事を与えたり、父親との解きほぐせない紐帯や、尽きることのない愛の要求といった不幸を、オランダの明暗法が昇華することになるような「ファッションデザイナー」の映画を作ることによって。〔映画の末尾でスティーヴィーのためのホットミルクを作る父親に対して〕「手伝いましょうか?」と観客である子供は尋ねるが、それに対する医者にして劇作家たる父親の答えは「もう十分だよ」なのである。

　ここから得られる教訓は、プルーストやフローベールのそれとは異なっている。彼らは作品の堅固さを、審美家の生活や、芸術的な室内装飾《インテリア》を手に入れるために費やされるエネルギーと対比させていた。母親への愛着や、情事の空想的な構築に対して、芸術を選ぶ必要があった。だが、エンマやシャルリュスのように、芸術を生地の選択や家屋の装飾のうちに据える人々に逆らって、芸術をもっぱら書物の文章の中に据える必要もあった。ミネリの教訓は、より両義的である。それは単に、ハリウッドが自律した芸術家という理想と夢の全能性という考えを同時に相対化している、ということではない。ミネリにとって、少女の夢と、生地の装飾と、作品のエンターテイメント性の間には根本的な断絶は存在しない。そこにあるのは、色々な形態の興奮と、さまざまなパフォーマンスの機会なのだ。この演出家は、自分がファッションデザイナーと何の関係もないと言い張ることはできない。彼はフローベールとは違って、カーテンの中に芸術を据えることで人生を変えたいと思っている作中人物の幻想に、みずからの芸術を対置することはできない。『蜘蛛の巣』のフィクションにおいては、逆に、作中人物こそがその仕立て物を作品に、みずからの規則を芸術家に押し付ける。もちろん、そのような服従はそれ自体、見せかけにすぎないと考えることもできる。『悪人と美女』の横暴なジョナサン・シールズよりも、誠実なマカイヴァー医師――彼の権威は、辞任すること、混沌がみずから秩序をなすようにすることで発揮される――の方が、演出家ミネリの権限をよりよく例証している、ということなのかもしれない。たしかに、一つの文章ないし一つのショットの愚鈍さのうちに消失することをその至上の力能とするような造物主《デミウルゴス》の形象は、なおフローベール的な規範に適合している。しかしながら、ミネリはそこに、あることを付け加える――そのことを、地方風俗の小説を書いていながら、蜂鳥の羽毛のソファーや白鳥の皮でできた敷物を思い切って買うことのできない者(2)［フローベール］は、秘密を自分たちの間にとどめながらも、よく分かっていたはずだ。つまり、物事が可能なのは、みずからを最終的に、人を面白がらせ、装飾を施す者であると認めるという条件においてのみなのだ。やはり、芸術のための芸術は、単純な事柄ではないのである。

原註

（1）この受動的パフォーマンスの効果は、役柄を演じるのが子役のトミー・レティグであるだけになおさら顕著なものとなる。彼は『帰らざる河』では、はるかに忙しく動き回る息子、父親のイメージと和解するため、ある男を殺さなければならない息子を演じていたからである。

（2）フローベールの一八五四年一月二九日付けのルイーズ・コレ宛書簡。［ギュスターヴ・フロベール『フローベール全集9　書簡Ⅱ』山田𣝣・斎藤昌三・蓮實重彦・土居寛之訳、筑摩書房、一九六八年、二五三頁］

訳註

［1］出演を渋るトニーを説得するジェフリー・コルドヴァの以下の台詞を踏まえている。「ミュージカルとドラマの間の人工的な仕切りにはうんざりだ。私の考えでは、ビル・シェイクスピアの不朽の韻文が生み出す魔法のリズムと、ビル・ロビンソンの不朽の足が生み出す魔法のリズムの間には何の違いもない」。

哲学者の身体──ロッセリーニの哲学的映画群

イメージ化の三つの形態

イメージによる教育というロッセリーニの大いなるプランの中心には、西洋哲学の幾人かの大立者──ソクラテス、デカルト、パスカル──について、テレビ向けに作られた映画群がある。(1) テレビ視聴者、つまり当時の普通の男女に、思考の偉大な刷新者たちの言葉を伝えようとするロッセリーニは、それを抽象的ならざるやり方で、すなわち万人に対してそれを可感的なものとするイメージを介して伝えることを望む。だが、イメージという語句が、曖昧さを招いてはならない。思考を可感的なものにすることとは、単純な精神の持ち主にもより分かりやすいと想定される形態をそれに与えることにとどまらず、文字が生き生きとした精神を殺すのに対抗して、思考がそれを現働化させる身体のうちに受肉するさまを示すことでもある。問題は、実例を通じて哲学者たちの教義をイメージ化することではなく、哲学者の身体、生きられた経験にして具体的な介入＝発言

［intervention］としての哲学とは何であるかを表すような身体を提示することなのである。

そうした哲学者の身体を、どのように表象すればよいのか。一見したところでは三つの主要な形態を区別することができ、『デカルト』の最後の方のシークェンスがそれらを次々に提示している。私たちはまず、反論者たちに向き合うデカルトの姿を目にする。受肉の原理は、ここでは非常に単純だ。『省察』に対してガッサンディ、ホッブズ、アルノーらによってなされた「反論」とデカルトの「答弁」という文章上の応酬が口頭による討論に変換され、文章が朗読する身体に委ねられている。それらの身体は一方では、私たちが行うセミネールや博士論文審査会とも似た場景を構成するような、言表の純粋な身体であるが、他方では歴史化された身体でもあり、幅広い白襟の黒いガウンをまとい、大きな帽子をかぶっているし、デカルト自身はフランツ・ハルスの肖像画に似ている。討論者たちは時代ものの絵画を構成していて、そこにデカルトとその反論者たちの文章が、縁日の写真家が用意する看板の穴に顔を嵌め込むようにして入り込んでくるわけだ。身体化はここでは明らかに、言表を飾り包むという、例示としての役割を担っている。

私たちは次に、セミネールが行われる教室から、メルセンヌが『省察』の出版を見守っている印刷所に移行する。つまり、哲学者の思想が伝播するための諸条件が見せられるのだが、その条件は二重のものである。まず見せられるのは、手動の印刷機の使用、紐に吊されて洗濯物のように乾かされる紙といった、印刷の物質的な手続きである。私たちはここで、昔ながらの技法と、思想を大人数に向けて伝達する近代のやり方の謂いである印刷という事実そのものとの緊張を目立たせるような、時代ものの絵画を手にしている。だが、こうした条件が表すのは、検閲のリスクにさらされているということでもある。大きな帽子をかぶった男たちは、書物の流通を左右する人たちでもあるのだ。そのため、私たちはメルセンヌがソルボンヌの支配者たち宛ての献辞――そこでデカルトは、学説の守護者たちに恭しく語りかけている――を朗読するのを目にすることになる。そのとき私たちは、真理が伝達されうるためには、大勢を占める謬見の担い手にどのような譲歩をすべきなのかという、ブレヒト版のガリレオ・ガリレイが弟子と交わす討議の谺を聞き取る。ここでなされるイメージ化は、もはや単に例示するためのものではなく、記録資料的なものと言いうるだろう。

続いて、映画を締め括るシークェンスが来る。本作は型どおりの伝記ではないので、スウェーデンへの旅も、哲学者の死も出てこないだろう。最後のシークェンスはまず、父親と子供を失ったばかりのデカルトにお悔やみを述べる［コンスタンティン・］ホイヘンスとの会話を見せる。だが、私的な会話を交わしているようでいて、可感的な情動を捨てたこの思想家は、哲学的遺言らしきものを表明しているのである。「私はいまや目を閉じ、耳をふさぎ、［あらゆる感覚を遠ざけ、］物体的な事物の像《イメージ》をことごとく私の思考から拭い去ろう（……）」。人はこの台詞に第三省察の導入部を見分けることだろう。デカルトの文章では、私をこのように演出することは、明らかに、ドゥルーズ的な意味での概念的な登場人物の創造という役割を果たしている。つまりここでは、誰もが知っていることをもはや何も知らない者という登場人物が作り出されているのだ。そのような無知の作劇法は、知っての通り、哲学者をほどなく、神の存在、永遠の真理、そして学問の体系全体の確実性へと導くことだろう。しかしロッセリーニは、無知の作劇法をこのような行程全体から切り離し、哲学的なシナリオを実存的なシナリオに、概念的な登場人物を苦悩する存在に変えてしまう。閉じた目とふさいだ耳は、喪と内省のしるしとなり、思考の経験は可感的世界からの撤退となる。哲学者のそのような撤退で本作が終わるのは、あたかも思考がいまや、受肉するのにふさわしい身体を見つけたかのようだ。その地点において、哲学的言表はもはや単に例示されたり記録されるにとどまらず、主体化される。哲学的言表は生き生きとした登場人物、フィクションの登場人物に割り当てられ、まさにそのパトスをなすのである。

このように、哲学を可感的なものにするには、例示、記録資料、主体化という三つの主要なやり方がある。そのうちの一つは、古典的で、さほどリスクもない。それは二つ目の、哲学をその環境《ミリュー》の中で、それが行使されるための諸条件と格闘しているところを示すことで可感的なものにする、記録資料的なやり方のことだ。この中間《ミリュー》の道とは、媒介者の道である。映画の中では、ある一人の登場人物がその道を占めている――史実においてもデカルトを取り巻く伝説においてもそうであるからだ。新しいものに開かれた学者にして司祭で、デカルトとパスカルが学者の世界、公的な世界と取り持つ関係を調整したメルセンヌ神父のことである。メルセンヌはいわば、本作におけるロッセリーニの代理であり、逆にロッセリーニはテレビ時代のメルセンヌ、哲学的な言葉を、カトリック教会の跡を継いだ権威――すなわち、世論――にしっかりと伝達する仲立ちたらんとする。だが、デカルトとパスカルが自分たちの時代に向けた言葉――単に、それを受け入れやすくするように手直しされたものにとどまらず――を伝達するためには、他の二つの道、リスクを伴う道を経由しなければならない。

　例示に伴うリスクは、回避するのは難しくとも、言い表すのは容易である。『省察』について議論を交わす博士たちのガウンや襟や帽子は、デカルトの第二省察の一節を思い起こさせるかもしれない――彼はそこで、自分が窓ごしに眺めるコートや帽子に触れて、それらはひょっとしたら「亡霊か、もっぱらゼンマイ仕掛けで動く書き割りの人間」を覆っているだけかもしれないのに、やはり通りを行く人間に帰せられるものだと述べている――が、それ以上に、パスカルのある高名な文章を想起させる。ロッセリーニにおいても、あらゆる伝統においても、決まってデカルトの敵対者とされる者による、想像力がもつ誤謬の能力についての文章である。パスカルは、裁判官、医者、学者の権威を、彼らが身に付ける白貂の帯、長衣、角帽に帰着させる。「裁判官に真の正義があり、医者に真の癒しの術があれば、彼らは角帽に用などなかっただろう」[1]。この文句は映画には出てこないが、出てきていたらそれが藪蛇であることはあまりにも明らかだろう。もし哲学がそこに現前していたら、書架も必要なければ、黒いガウンや白い襟や大きな帽子も無用のものとなるからだ。［実際には］合理的な思考の例示は、そのイメージ群の例示と区別できないのである。

　だが、主体化に伴うリスクは、さらにずっと手強いものだ。哲学的な言葉を命ある人間の唇と心に近づけ、たとえば父親の苦悩によってそれを真正なものとすることに利点があるのはよく分かる。自分の子供の死を嘆く者に、どうして信頼を寄せずにいられようか。モレッティやベロッキオといったロッセリーニの同国人たちは、まさにそのことを私たちに思い起こさせてくれる。[2] しかし、これは諸刃の剣であって、登場人物に信頼性をもたせようとすると、その登場人物が私たちに伝達すべきことが犠牲になるのだ。その点で、第三省察の冒頭を用いるのは模範的である。一方で、感覚が伝えるものの放棄を、一人の人間の苦悩の表現として主体化することは、明らかに、それを哲学的経験として主体化することを犠牲にしてなされる。他方で、ここで言われる「目を閉じること」は、像《イメージ》を退けることを意味している。哲学者の言葉にスクリーン上で身体を与えようとすることは、逆に、言葉とイメージが互いを打ち消し合うことになるリスクを冒すことなのである。

哲学者の逆説的な身体

だが、このリスクそれ自体が、ある根本的なアポリアを指し示している。哲学者の肖像とは、厳密に理解するなら、おのれが含んでいる思考を視覚から隠すような一つの身体の肖像ではなかろうか。哲学者の身体の問題には、ある大いなる影が漂っている。その影は、ソクラテスの影、より正確に言えば、『饗宴』が舞台に乗せる、アルキビアデスの師［としてのソクラテス］の影である。アルキビアデスが作り上げるソクラテスのイメージは、実際、内側と外側とのまったき非類似のイメージである。シレノス［サテュロスにも似た半人半獣の山野の精］の頭をもつ男は、自らのうちに、黄金の言葉という貴重な財宝をしまい込んでいる。だが、彼のすぐ側にくっついている素朴なアガトンのように、師の口から出てくる言葉を正確に集めることでそのような知恵の財宝をわが物としたいと望んでも無駄だし、アルキビアデスが提案するように、自分の〔若くて美しい〕身体と引き換えにその財宝を手中にすることを申し出ても同じく無駄である。そんなものはいんちきだ、と師は答える。〔アルキビアデスがソクラテスの中に見て取る〕その知は、身体と引き換えに獲得するにはあまりにも貴重であるか、あるいはあまりにも貴重ではない、と。[3]であるなら、耳を傾け続けることのほかになすべきことはない——うっとりと魔法にかかる年老いた子供と化して、公共の事柄を忘れ、師の影で人生を過ごす危険を冒しながら。プラトンの文章は、〔ソクラテスという〕模範的な哲学者の身体を、イメージによる思考の伝達という企てと二重の意味で対立する、逆説的な身体に仕立てている。彼の外側はいかなる点でもそれが含む思考に類似しておらず、何らその思考を表現するものではないうえに、その思考それ自体も、交換できないもの、伝達しえないものという特徴をもち、習得も応用もなされないものなのだ。合理的な知の英雄は、とりわけ恍惚を引き起こし、弟子たちを都市国家にとって有用な人間であることから踏み外させるのである。

こうした哲学者の肖像が、哲学教師たちの想像力においてある役割を演じていることは知られている。それは、教育の不可能性そのものを本質とするような教育学的実践——方法論とまでは言わないとしても——のイメージを差し出しているのだ。教育者である映画作家〔ロッセリーニ〕にとっては、逆説は違うかたちを取る。知の巨人たちの思考を万人に伝達しようと気にかける教育者である以前に、ロッセリーニは映画作家であり、映画作家としての彼は、逆説的で逸脱的な身体、交換の通常の規則を破って横道に入っていく身体と特権的な関係を保ってきた。『ヨーロッパ一九五一年』のヒロインのイレーネは、まさにそのような横道を取る――彼女は家に戻るバスを逃して、ふと脇に一歩踏み出したために、下層プロレタリアートや娼婦や泥棒たちの国への長い漂流へと引きずり込まれ、しまいには狂女として監禁されるに至る。『奇蹟』のナンニーナのことを考えてもいいだろう。この白痴の女の丸みを帯びた腹に含まれているのは、強姦によって孕んだものなのか、神の恩寵の産物なのか分からないのである。一見したところ、アルキビアデスが描き出す哲学者の逆説的な身体と、ロッセリーニの映画において同一化と交換の規則を打ち砕くスキャンダラスな身体との間には類縁性があるし、この映画作家もみずから、イレーネの監禁をソクラテスの裁判の現代版に仕立てていた〔4〕。したがって、このような映画的方針が、いざ哲学者という主体を描こうというときに何を生み出しうるのかは一見に値するし、ロッセリーニがソクラテスを舞台に乗せる場でその方針を試練にかけてみるだけの価値はなおさらあるだろう。

ところが、その名を冠した映画にソクラテスが登場するやいなや、私たちは落胆に見舞われるだろう。彼の登場に先立って、饗宴が催されている。だが、そこにはソクラテスもアルキビアデスも見当たらず、もっぱらアテネの有力者たちだけが集まって進んでいく。彼らはスパルタの占領者たちに対してどう振る舞えばよいのか議論し、私たちはスパルタ人が市民に食糧の配給を行うと決めたことを知る。その配給がきっかけで、民衆の騒擾が起こる――これはロッセリーニ作品によくみられる無秩序であり、たとえばナンニーナが群衆に追い立てられるとか、『イタリア旅行』の夫婦がサン・ジェンナーロの奇跡を崇拝する人々に運び去られるときがそれに当たる。ここではソクラテス自身がもみくちゃにされるが、通りで生じるこの無秩序は、イメージの中に秩序を確立するための方策なのである。実際のところ、すべてが言表を行う身体の変更にかかっている――ソクラテスに惚れているアルキビアデスが述べた「あなたはシレノスの頭をもっている」という文句が、ここでは、哲学者に食ってかかる若いならず者の一人に帰せられていて、若き偶像破壊者[5]による逆説的な賛辞が、無知な輩の発する平凡な侮辱の言葉と化しているわけである。しかもこの輩は、他人のもつ知を批判するこの哲学者に向かって、そう言うあなたはいかなる点において知者なのかと尋ねるに至り、期待どおりの答えをクローズアップで引き出している。「私は何も知らないということを知っている」、と。この逆説的な警句は、すぐれて伝達可能な文句、思い上がった者どもに賢者が与える永遠の教訓となる。ソクラテスは、白痴のナンニーナや狂女のイレーネとのいかがわしい類縁性を免れ、彼本来のイメージ、つまり晴れやかで平和的な理性の代理人にして、政治的混乱と無知な者たちの傲慢さの犠牲者というイメージの代弁者になるのである。アルキビアデスと〔『ゴルギアス』に登場する〕カリクレスは、ソクラテスが良家の若者を国家への奉仕から遠ざけたと文句を言ったが、ここでの彼はむしろその反対に、ある年少の子供にアテネの民主主義がどのように機能しているのかを説明する、市民教育の先生となっている。アルキビアデスもアガトンもプラトンも追い出されているため、残っているのは、有名な文句を口にする善良なソクラテス、臆見や既成の知識を疑ってみずから考えるように悟らせる自由な精神という、この哲学者の型にはまった肖像を固定するようなソクラテスのイメージである。

思考の刷新者とその時代

『ソクラテス』はおそらく、例示の機能が主体化の機能を食い尽くし、哲学的な身体と映画的な身体を同時に無効としてしまった極端な事例であろう。したがって、私が『ソクラテス』に言及するのは、何よりもまず、より洗練されたフィクションである『デカルト』と『ブレーズ・パスカル』がそれぞれに答えを出すことになる次の問いを提起するためである。ある種の言表の支持体にして、何らかの時代における介入＝発言する主体としての哲学者の身体を、どのように表象すればよいのか、と。〔ロッセリーニの〕教育的なプランが含んでいるのは、実際、哲学者の身体が単にある学問領域《ディシプリン》の代理人の身体ではなく、思考の立役者の身体、来たるべき時代の担い手としてみずからの時代に介入する刷新者の身体である、ということだ。そのことは、私が区別した三つの機能――例示、記録資料、主体化――の間のある種の関係を前提とする。哲学的な言表に身体を与えることは、単にガウンを着せ、角帽をかぶらせることでもなければ、ある場所と時代を特定するのに役立つ小道具によって身体を取り囲むだけのことでもない。それは哲学者の思考をある物質的世界に組み入れたうえで、その世界を解釈し、そこで行動する一つのやり方としての思考を、そこから浮かび上がらせることなのである。

これを行う主要なやり方は三つある。［まず］私たちは、刷新者をその時代とともに提示することができる。たとえば、デカルトとパスカルは、前進する理性の物質的な紋章の数々に取り囲まれている。それらは、彼らの時代に属するものや、彼ら自身がその発明者であるもので、印刷術、望遠鏡、解剖台、計算機だけでなく、新しい商業活動や、パスカルが創始者であるとされる乗合馬車にまで至る。［あるいは］私たちは、刷新者を時代に逆らって提示することもできる。つまり、慣例や、愛人の女中の口から語られる格言の知恵のみならず、迷信や狂信といった抵抗の力と格闘する姿を見せるわけである。パスカルは魔女裁判を目撃したり、通りで反動分子に呼び止められたりするし、デカルトは自由思想家《リベルタン》テオフィル・ド・ヴィオーの人形《ひとがた》が焼かれている火刑台の脇で修道士がヒステリックに喚き立てるのを目にする。だが最も興味深い第三のやり方は、刷新者をその時代のうちに提示するやり方、前進する理性が時代の物質的な厚みのうちに——ある生活様式の物質性だけでなく、さまざまな儀礼の体系や、感情と情動の世界全体のうちに——捉えられているさまを提示するやり方である。そのような時代は、人が感じ、思考しうるものを規定するという点で、アナール学派の歴史家が描き出す時代と強い類似性がある。ここでの理性の前進は、それが埋まっている培養土——物質的生活の諸々の生産様式と、感性、感情、信念の集合的諸形態からなる培養土——からエネルギーを引き出している。

ロッセリーニが特権視するのはこの道であり、人間ソクラテスがそれにあまり向かない理由もすぐに分かる。彼は古い歴史、模範的人生からなる歴史の登場人物なのである。その歴史は、視覚面では諸々の再現物を書き割りで表すというかたちを取らざるをえないし、生きたソクラテスのイメージをもってしても、プラトンの文章にそなわる廃れることのない挑発の力は決して取り戻せないだろう。デカルトとパスカルに関して言えば、彼らは新しい歴史、物質的生活の培養土から思考が出現するさまを私たちに示す歴史の登場人物である。したがってロッセリーニは、単に記録資料《ドキュメンタリー》的な配慮だけで、パスカルの台所やさらには家畜小屋に私たちを進んで立ち会わせるわけでも、女中にして愛人のヘレナが忙しく立ち回る台所や宿屋の食堂に居合わせるデカルトの姿をとらえるわけでもない。それらはことごとく、ル・ナン［兄弟］やフェルメール風の絵画を構成し、そこにフランツ・ハルスやフィリップ・ド・シャンペーニュの絵画から出てきた密使たちを迎え入れる機会を形作っているのだ。重要なのは、それによって、デカルトとパスカルを彼らの時代——マルク・ブロックが、人間は自分の父親より自分の時代に似ると言ったところの時代[6]——の中に、語の本来の意味で置き入れることである。その時代＝時間とは、リュシアン・フェーヴルが付け加えたところによれば、まずもって、毎日を分割する区切りや、思考と行動をそれに適合させる諸々の儀礼に基づくものでもある[7]。だからこそ、召使いが［天蓋付きベッドの］カーテンを開ける起床のシーンが数多く登場するのだ。その二重の用途をもつ身振りは、毎日の決まった行動を象徴するだけでなく、同時に、思考の目覚めとイメージの生起を隠喩的に表している。カーテンの背後には、病に苦しむパスカルの身体もあれば、デカルトの無頓着な身体もある——召使いや友人たちは彼をベッドから引っぱり出すのに難儀し、時にはそれと引き換えに「私は自分自身のものも含めて、あらゆる臆見を批判することに決めた」という、休息から生まれた決意を聞かされることになる。こうしたカーテンを開けるイメージや、朝の祈りや身繕いのイメージは、哲学者をたしかにその時代のうちに置き入れる反面、この世界の有力者たちが、想像力を捕らえるのに適したひけらかしを行う手段とするあの儀礼の数々に危険なほど近しい――たとえば、『ルイ一四世の権力奪取』における王の起床や、『ブレーズ・パスカル』で大法官セギエが起床し、身繕いの最中に、若きパスカルの計算機を持って来た学者の代表団を迎え入れ、あらゆる発明を評価するのに最もふさわしい判事は王にほかならないと父親のような温情をもって思い起こさせるさまがそれに当たる。『ガリレイの生涯』で、良識ある高位聖職者〔第一二場の教皇〕が、みずからの職務のための衣服を身にまとうにつれて、迫害には道理があると考えるようになるシーンを思い出してもよい。となると、次のような問いが湧き上がる。時代の中の哲学者の真に迫った雄弁なイメージの構築は、権力者が人々を服従させるべく、想像力に強い印象を与えつつ構成するでっち上げのイメージとどのように区別できるのか、と。

哲学の受肉

おそらくこの問いが、パスカルについての映画にその戦略的重要性を与えている。パスカルは、「時代の中の哲学者の肖像」をあらかじめ弱体化させた人物である。彼は長いガウンや角帽があれば、思考する人の見せかけを構成するのにいかに十分であるかを示していたからだ。それに付け加えて、彼はたしかに、社会が進行するにはひけらかしが必須であり、ひけらかしを行う権力者たちとそれを敬う民衆は、いつでも舞台の裏側を見せようとうずうずしている生半可な識者よりも賢いと述べていた。[8] だが、裁判官が身に付ける白貂の帯を正当化するには十分であるこの議論は、哲学者の受肉に当てはめられると、それをありふれた社会的なひけらかしに還元することになりはしまいか。この哲学者の理屈は、前進する科学の共和国をスクリーン上で示すというプランそのものをあらかじめ損なっているように思われる。

しかし、哲学者を映画によって受肉させる試みをパスカルがアポリアに陥らせるとするなら、ゲームをひっくり返して、アポリアを解決するために彼のイメージを用いるのは公明正大なことである。彼の方こそが、ひけらかしではないような哲学の受肉に、みずからを貸し与えなければならないのだ。こうして、「『パスカル』という」映画は『パンセ』の哲学者に、以下のような彼の最も名高い格言の一つの助けを借りて、映画作家の方法を正当化するように求めるのである。「プラトンやアリストテレスを思い浮かべるとき、私たちは、学者の仰々しいガウンに包まれている姿しか想像しない。彼らは紳士で、他の人々と変わらず、友人たちと談笑していたのだ。気晴らしに『法律』や『政治学』を執筆したのも、遊び半分でそうしたのだ。それは彼らの生活のうちで、哲学から最も真面目さからも最も遠い部分だった。最も哲学的なのは、単純に平安に生きることだった」。[9] だが、この文句に「映画の中で」どのような文脈が与えられているのかに留意しなければならない。

ある意味では、映画の他のどのエピソードにこの文句が出てきてもおかしくないし、パスカルはこの同じ瞬間に、他の何らかの有名な文句を口にしてもよかったはずだ――「人間の不幸は、ただ一つのこと、一つの部屋に落ち着いてじっとしていられないことからやってくる」[10]でもいいし、あるいは、後ほど同じ話し相手たちに向かって言うことになるように、「知識には、互いに接する両極端がある。一方の端は、自然で生《き》のままの無知であり、人間はすべてこの状態で生まれる。他方の端は、人間の知のあらゆる可能性を踏破したあげく、何も知らないことを悟る偉大な魂の持ち主たちがたどり着く無知である（……）」[11]でもよかっただろう。

　しかしながら別の意味では、この格言はそれに打ってつけの時に到来している。それは先立つエピソードの教訓として、しかもまさにそれを表明するのにふさわしい主体が口にする教訓として提示されているのだ。この文句は、病み上がりのパスカルが二人のジャンセニストの外科医に向かって言うもので、パスカルは［直前のシーンで］その二人から、気分を癒やす手段としてサン・シラン［ジャンセニスムの誕生に寄与した神学者］の書物を渡されていたし、やがて［すぐ後のシーンで］、強制的に休んだために構想することのできた真空の理論を二人に説明することになる。この［哲学と真空に関する］二重のひらめきは、ここまでのエピソード全体の締め括りとなっている。そのエピソードのおかげでこの映画作家は、心性史の良き担い手として、ある生きられた世界を切り取ることができた。彼はまさにその世界のあらゆる層を横切って、最も物質的なものを最も精神的なものに、つまり家庭用品や職業実践を心性や信仰に結びつけたのである。［エピソードの最初の方の］父親のパス

『ブレーズ・パスカル』（ロベルト・ロッセリーニ、1972年）

カルの怪我と、息子の気絶によって、私たちはまず家庭内の用具一式――父親の膏薬にするために［召使いたちが］草の準備をする浅い鉢や、ジャクリーヌが兄のベッドを温めるのに使う長柄の湯たんぽ――、次いで外科医のそれを目にすることができる。他方、病み上がりのパスカルが説明する真空の実験は、実験を行う者の用具一式を陳列する機会となる。カメラが引くことで露わになる多数の蒸留器《レトルト》、小瓶、注入器は、書物を、前景に配置された机上の知識をいわば無効にしているのだ。少し後には、パスカルは自分の足をブランデー入りの盥に浸すことで萎えた足の血の巡りをよくしながら、真空が作られた管の中を水銀が昇っていく現象について注釈する。その間のシーンでは、発明者は二人のジャンセニストの医師に、大気圧について彼が家庭内で行った実験に含まれている、無限の宇宙と不可知の神というヴィジョンについて説明していた。このように、私たちはまったく飛躍なしに、この上なく卑俗な物質的実践（膏薬に使う草に女中たちが唾を吐く）から、無限についての哲学的思索や、ジャンセニスムの教義の純粋な信仰へと移行する。諸々の実践と信仰によって目の詰んだ布地に哲学者の思索が根を張っている一方で、学者の実践は、実験室の器具も家庭用品も同じように用いることで、かつて子供たちに科学を教えるのに役立った「実物教育」にきわめて近しいものとなっている。

虚弱な身体

だが、こうした物質的世界の通過は主体化の過程でもあり、それによって上述の思考を表明するのにふさわしい身体が生み出されている。その身体、つまり一方では単純に生きることに従事する哲学への賛辞を述べ、他方では無限の世界の眩暈を開示する身体は、単に、厚みのある可感的世界――そこでは、最も偉大な思考が最も慎ましい人々の生活との接触によって形作られる――のうちに捕らわれる身体ではなく、病気を患った身体でもあるのだ。真空の思考とは、身体がもはや支えになっていない精神の思考にして、もはや自分の足で立っていられない身体の思考である。『ガリレイの生涯』では僧侶たちがガリレイと地球の回転をばかにして互いに倒れかかるふりをしていたが［第六場］、ここではふりをしているわけではなく、実際に虚弱な身体が、無限の感覚をデカルト的な世界の体系に対置し、それによって科学の教訓と宗教の神秘を和解させる任に当たっている。というのも、ロッセリーニが何と言おうと、彼のこの映画は科学と信仰の葛藤を示しているわけではまったくないからだ。自分を支えられない身体が、真空と無限のただ中にいる人間という被造物の眩暈について言明する場合であれ、熱に冒された人間が真の宗教を発見して熱を帯びる場合であれ、私たちの目に入るものにはいかなる葛藤もない。観念を受肉させ、それを知覚可能なものとし、それを情動として味わわせるのにふさわしい良い身体とは、病を患った身体なのである。

パスカルが身体的に虚弱だったことは間違いのない伝記的事実だが、それが哲学的身体を表象する戦略においてどのような役割を演じているのかを見て取ることもできる。何としてでも避けねばならないのは、写真家の用意する穴に顔が据えられ、偉大な思想家の有名な文句を表明するためだけに身体が現前することだ。それを避けるためには、デカルトやパスカルがぶらついて、あちこちの学者の集まりでみずからの哲学の原理や他の教義に対する自分なりの反論を開陳するだけでは十分ではないし、教義を開陳する代わりに、望遠鏡、蒸留器、試験管、解剖用の肉片を用いれば済むわけでもない。むしろ、彼らの思考を根付かせている同じ身体が、その思考が表現されることに逆らっているところを見せなければならないのだ。パスカルの病は彼の思考を育みつつ、彼を公的な舞台から遠ざける。デカルトは、彼に反論するパスカルのような健康問題を抱えているわけではないが、観客は彼がパスカルと同じくらい頻繁にベッドにいる姿を見ることになる。彼を正午よりも前にベッドから引きずり出すには、科学にとって重要な何らかの出来事を告げるメルセンヌの手紙以上のものがつねに必要なのである。ガリレイに有罪判決が下されたために『世界論』を公刊しないことに決めたデカルトの慎重さは、自分の思考を公刊することに関して彼が絶えず示してきた無頓着さに見合っているようにみえる。さらに、哲学者がそれを手にして論戦に身を投じた『省察』の文章それ自体も、「科学は私が生きることを妨げた」と認めて世界から身を引こうとする思想家の遺言へと変化させられている。歴史における理性の進歩が例示されるのを目撃するはずだったテレビ視聴者は、こうして、ある奇妙なエントロピーに、ある弱さに、思考を構成するところのある挫折に立ち会うことになるのである。

たしかに、この挫折はそれ自体、注意深くコントロールされている。デカルトの怠惰な身体と病に苦しむパスカルの身体は、思考をスキャンダルの一形態にしつつも、よりスキャンダラスな身体の数々を払いのけるために、なおそこにあるのだ。まさしく、『ブレーズ・パスカル』の導入部［魔女裁判のシーン］で横たわって苦悩しているミシェール・マルタンの身体、悪魔との関係を自供させるために審問官たちに両脚を折られた悪魔憑きの女の身体がその一つである。若きパスカルはそんなことがうまくいくとはとても思えず、彼と同じく、映画も悪魔をこれきり退けることになる。映画はそれと同時に、より幅広く、超自然的なものの作用を、パスカルの思考と生涯においてきわめて重要な、奇跡という形態においてすら退けることになるだろう。私たちは、ジルベルト・パスカルの娘を治癒した聖荊の奇跡を思い浮かべることができる。[12]だがそれに限らず、映画作家ロッセリーニが果敢にも手を付けてきた奇跡の数々にも思い至る。『神の道化師、フランチェスコ』の聖フランチェスコの奇跡のみならず、『イタリア旅行』におけるサン・ジェンナーロの液化する血や、もちろん、その名も『奇蹟』という映画におけるナンニーナの妊娠という奇跡――あるいはぺてん――といった事例である。ミシェール・マルタンが横たえられ、束縛されているのを見て、悪魔の誘惑によってイエスと聖母マリアを否認させられたのを嘆き悲しんでいるのを聞くとき、ナンニーナが群衆に追われ、〔分娩のため〕教会の壁に付いている輪っかを両手に固く握りしめながら横たわり、あえぎながら主の名前を言う姿を思い浮かべずにいるのは難しい。ロッセリーニがかつてソクラテスにたとえた、狂女として閉じ込められるあのイレーネのことも考えてしまうし、もちろんソクラテスその人にも思いを馳せてしまう――内に含んでいるものを包み隠す身体をもち、知の伝達よりもむしろ錯乱の共有を進んで受け入れ、裁判官を手厳しく挑発するので死を望んでいたのではないかと疑いをかけられるソクラテス、しかし結局のところ、おそらく、プラトンという名の、その峻厳さに人がいつまでもソクラテスの人の良さを対置して止まない哲学者が作ったフィクションでしかないソクラテスのことを思い浮かべてしまうのだ。このように諸々の哲学的観念が、映画のフィクション上の身体や、個人や群衆の錯乱と漠とした類縁性をもつことは、映画作家ロッセリーニが以前にみずから手がけた数々のフィクションで、〈北〉のヨーロッパ、商人と啓蒙理性のプロテスタント的ヨーロッパの代表者たちを、〈南〉のカトリック的ヨーロッパの法外さや、その偶像《イメージ》、信心深さ、迷信と対決させるときに、絶えず探究してきたことである。映画作家ロッセリーニは、哲学者の主体化にあたってそのような狂気が多少は不可欠であることを見抜いているが、十分ではない。ただデカルト一人がカトリック的フランスの迷信と、オランダ商人のプロテスタント的無関心の間を旅するのだし、しかも彼はそこからむしろ、自分の身体を寒さから守り、自分の教義を迫害から守るべしという教訓を引き出すのである。教育者としてのロッセリーニは、『奇蹟』や『ヨーロッパ一九五一年』の映画作家の法外さにはもはや同意することができず、理性が無知と非合理的な感情に打ち克つこと、書物よりもうまく語るイメージの助けを借りてそうすることを望んでいる。とするなら、彼は中間に位置づけられていることになる。この媒介者は現代の観客に、時代のうちに置かれたデカルトやパスカルの前進する科学を伝達することを望み、その際に自分の作り出すイメージが、観念と歴史化された身体の間の紐帯を確固たるものにするよう求めている。ところが、歴史化された身体と観念との良き調和の体制は、怠惰あるいは病に襲われて停止した身体の体制であることが判明するのである。

だとすれば、父ロッセリーニ／神父メルセンヌは、停止した身体から前進する観念への移行を組織しなければならない。だが、その移行を脅かす二重のリスクがある。つまり、観念が、それに可感的な生を与える身体の虚弱さに負けてしまうか、身体が、見せかけを貸し与えているところの観念の表明によって食い尽くされるというリスクである。媒介者はそのため、自分の印刷所で、カメラの背後、計画表の前にいて、もはや誰も耳にすることのない有名な文句とそれを再び具体的なものにしなければならない折れた脚やふらつく脚の間で引き裂かれているのである。［観念と身体をめぐる］一方の極から他方の極への行程は、映画による教育というプランを、教育か映画かどちらかをつねに選ばなければならないというジレンマに陥らせてしまうのではないだろうか。そして、そのどちらも見出せないというリスクがつねに存在しているのである。

原註

（1）同じ全体プランに属する聖アウグスティヌスについての映画『ヒッポのアウグスティヌス』」は、脇に置いておく。というのも、この映画が舞台に乗せるのは哲学者というよりは司祭であり、また哲学的伝統の誕生よりも、アフリカの属州から見たローマ帝国の終焉に関心を寄せているからである。

訳註

［1］パスカル『パンセ（上）』塩川徹也訳、岩波文庫、二〇一五年、六一頁。

［2］息子を事故で失ったことで変容していく一家の物語を語るナンニ・モレッティの『息子の部屋』（二〇〇一）と、子供が妻になつかないために乳母を雇い入れるブルジョワ家族の物語を描いたマルコ・ベロッキオの『乳母』（一九九九）が念頭に置かれていると思われる。

［3］ソクラテスがアルキビアデスに、「ぼくに、きみをもっと優れた人間にする力が備わっているのだとしたら」、「きみがぼくの中に見ている美は、きみの美しい姿とは比べものにならない、筆舌に尽くしがたい美」なのだから、「きみは、美しく見えるものと引き換えに、本当に美しいものを手に入れようとしている」ことになると言いつつ、「ぼくは価値のない人間なのに、きみはそれに気づいていないのかもしれない」と忠告するくだりを踏まえている（『饗宴』中澤務訳、光文社古典新訳文庫、二〇一三年、218E–219A）。

［4］エリック・ロメールが『ヨーロッパ一九五一年』を評した「キリスト教精髄」（本名のモーリス・シェレール名義で発表）で、ソクラテス裁判を引き合いに出していることを踏まえていると思われる（Maurice Schérer, « Génie du christianisme », *Cahiers du cinéma* n° 25, juillet 1953, p. 45）。

［5］アルキビアデスは、アテネの街中に置かれていたヘルメス神の石柱像が破壊される事件の首謀者と目されていた。

［6］マルク・ブロック『歴史のための弁明――歴史家の仕事』松村剛訳、岩波書店、二〇〇四年、一六頁を参照。

［7］以下の「流動的な時間、停滞的な時間」の節を参照。リュシアン・フェーヴル『ラブレーの宗教――16世紀における不信仰の問題』高橋薫訳、法政大学出版局、二〇〇三年、四七二―四七九頁。

［8］断章九〇などを参照。パスカル『パンセ（上）』、一一四―一一五頁。

［9］パスカル『パンセ（中）』塩川徹也訳、岩波文庫、二〇一五年、二七七頁。

［10］パスカル『パンセ（上）』、一六二頁。

［11］同書、一〇七頁。

［12］パスカルの姪にあたるマルグリット・ペリエは、一六五六年にポール・ロワイヤル修道院に置かれた遺物である聖なる茨に触れたことで眼病が快癒し、その奇跡をめぐって考察をめぐらせたことが『パンセ』執筆のきっかけになったと言われている。

第三部　映画作品の政治学

火を囲んだ会話——ストローブと何人かの映画作家たち

『雲から抵抗へ』の政治学

映画《シネマ》一般の政治学などというものは存在しない。その度ごとに異なる諸々の特異な形象だけがあり、映画作家たちの努力はそれらの形象に沿って、「政治的」という語句の二つの意味作用を結合することに向けられる。フィクション一般、とりわけ映画的フィクションを形容することを可能にするその二つの意味作用とは、一方では、ある一本の映画《フィルム》が語る対象としての政治、つまり運動や紛争の物語や、苦悩や不正義の状況の暴露のことであり、他方では、何らかの芸術的な手続きを踏む際の固有の戦略としての政治——時間を早めたり遅らせたり、空間を縮めたり広げたり、眼差しと行為の調和や不調和をもたらしたり、前方と後方、内部と外部を連鎖させたりその連鎖を解いたりするやり方——のことである。正義［justice］に関わる事柄と的確さ［justesse］に関わる実践がとりもつ関係と言ってもいいかもしれない。

映画が今日、不正義の確実さ、正義の不確実さ、そして的確さの計算の間の関係を実地に適用しうる仕方を、どのように考えればよいのか。現代の映画が取りうる道を理解するための最良の方法は、少し前の映画を参照点として取り上げることであるように思われたため、私は一九七九年の映画、ジャン＝マリ・ストローブとダニエル・ユイレの『雲から抵抗へ』を選択した。本作を選んだのはそれが模範的な政治的映画であるからではなく、次の三つの主たる理由で意義深い瞬間をなしているからだ。第一に、『雲から抵抗へ』が活用する政治／映画の関係をめぐる理念と実践は、芸術と政治の関係のより広範なパラダイムに属するものである。すなわち、手短に言えばブレヒト的なパラダイムのこと、感情移入的な語りのモデルに特有の連続性や進展に代えて、断ち切られた形式を用いて、諸々の状況の提示に、さらにはそれらの状況の所与や賭け金や結果が定式化される仕方に内在する緊張や矛盾を明るみに出そうとする芸術のパラダイムのことである。このパラダイムは、たとえばゴダールの弁証法的実践のような、映画と政治の関係をめぐるさまざまな形式に影響を与えてきた。だが、ストローブ夫妻の映画が代表しているのは、そのパラダイムの最も体系的な形式、したがってそのイメージを定め、今日の映画の数々――このパラダイムとは無縁のものも含めて――を見渡すための視点を定義づけるのに最もふさわしい形式なのである。

第二に、本作はこのモデルのただ中でも転機をなしている。古典的な観点からすれば、断片的な形式や対立物の弁証法的な対峙が目指していたのは、眼差しと判断を研ぎ澄まし、ある仕方での世界の解釈、つまりマルクス主義的な解釈への賛同を支える確実性の水準を高めるのにふさわしいものとすることだった。それらは『雲から抵抗へ』においては、テクストの選択からしても、その言葉を演出するやり方からしても、解決なき緊張の支持体となり、それがストローブ夫妻の以後の作品すべてを特徴づけることになる。私は、そのように構築された形式をポスト・ブレヒト的な形式と名付け、今日の映画作家たちに特有の「政治をなす」諸々のやり方と、そのポスト・ブレヒト的な形式との関係について考えてみることを提案したい。

第三に、二人の映画作家の足取りにおけるこの転機は、ある歴史的な転機に対応している。『雲から抵抗へ』が公開された一九七九年は、新左翼的な十年間が終わる年である。この十年間の清算は、ドイツ、イタリア、日本では過激化した極左と国家との軍事的な対決を通じて、ポルトガルではカーネーション革命［一九七四年にサラザールの独裁体制を終わらせた無血の軍事クーデター］に始まる喧噪の時代の終わりとともに、合衆国とイギリスでは社会的に獲得したものを一掃するようなあれこれの計画の勝利によって、フランスでは新左翼的な十年間のエネルギーを自分たちに利するように取り込みたがっている社会主義左翼が台頭する一方で、その同じ十年間のみならず、革命の伝統全体を否認しようとする知識人層の意見も高まりをみせるという二重の動きを通じて、それぞれなされた。映画と政治がある種の関係を取り持つ時代もまた、終わりを告げた。まずメドヴェトキン集団やジガ・ヴェルトフ集団といった戦闘的な諸形式によって、次いで、『一九〇〇年』がその最もスペクタクル的な事例を提供するような、歴史的・政治的なフレスコ画によって特徴づけられる時代のことだ。とするなら、『雲から抵抗へ』が提示するポスト・ブレヒト的な定式は、いまや支配のメカニズムを暴き出すことよりも、解放にまつわるアポリアの数々を吟味することに向けられた、政治的・映画的な手続きを象徴的に示すものとなる。

本作はしたがって、政治と映画の関係の変容を見定め、その関係を今日、特徴づけている連続性と断絶を考察するにあたって良い目印となる。ではここで、本作が実地に適用するパラダイムの分析により深く分け入ってみよう。その際に重要なのは、ジャン゠マリ・ストローブとダニエル・ユイレの指針となった原則を詳しく説明することではなく、もっぱら、スクリーン上に見て取れるものの論理を観客の立場で構築し、その論理を、映画が提示する可感的な諸形態と、映画がそれらに担うことを許す政治的な約束との間の関係の歴史の中に組み込むことである。それに向けて、本作の特権的なエピソード、「かがり火」と題された六番目のエピソードを出発点にしよう。このエピソードが特権的なのは、二部構成の映画の蝶番となっているからだ。第一部はパヴェーゼの『二七篇の対話詩からなる』『レウコとの対話』のうちの六篇で構成され、第二部は同じくパヴェーゼの最後の小説『月とかがり火』に想を得ている。「かがり火」は取り上げられた六篇の対話のうち最後のもので、そこでは雨を降らせるための儀式の一環として、その目的のために人間の犠牲を捧げていたかつての慣習について羊飼いとその息子が言い争う。父親はしきりにこの慣習を正当化しようとし、息子を憤慨させる。二人とも空間を、人間ならざる二つの「作中人物」と共有している——彼らが焚きつけるかがり火と、場景を照らす月である。

このエピソードは、二つの予備的な指摘を必要とする。一方は映画全般に、他方は本作の「政治学」に関わるものだ。まず、「夜に火を囲んでなされる会話」は、映画においては馴染み深いエピソードである。西部劇におけるその役割を考えてみよう。西部劇でそのような会話は、筋《アクション》を宙吊りにしつつ、それに二重の深みを与える。まずは伝記的な厚みが与えられ、筋のリズムから解放されるしばらくの間、作中人物たちは火を囲んで自分たちの来歴や、自分たちがどこから来て、どこに行きたいと思っているのかについて語る。次いで、権利を主張したり、復讐を果たしたり、賞金を受け取ったりするために始められた行為《アクション》が正しいのかどうかについての考察がある。父親と息子の会話は、こうした馴染み深い形式の輪郭をぴったりなぞっている。違うのは、西部劇の場合、夜の言い争いで提起される問題がつねに筋の再開によって解決に至ることだ。アンソニー・マンの『裸の拍車』やプレミンジャーの『帰らざる河』では、脛に傷持つ男どもに私利や私怨によって犯罪者たちを追跡する権利があるのかどうか、という言い争いが起こるが、その問いかけには犯罪者自身がけりを付ける――真っ先にピストルを抜くことで、そうした権利があることを証明してしまうのだ。『雲から抵抗へ』では事情は異なり、どんな行為も言い争いの対象に一挙にけりを付けることはないだろう。この映画の筋は、作中人物たちがただひたすら正しいことと不正なことについて言い争う数々の対話だけで成り立っている。しかも映画の末尾では、それが正しいのかどうか永遠に不確実であるような殺害――『月とかがり火』における若きサンタの殺害――が仄めかされることになるだろう。

こうしたことから、私たちは第二の指摘、主題と形式の関係をめぐる指摘へと導かれる。ここで全面的に会話という形式が用いられるのは、論争の対象が、西部劇の筋立てが解決しうるものの枠組みを超えているからである。実際、その論争が対象とするのは、最も卑劣な西部劇の悪党でさえ決して擁護しないだろうが、にもかかわらず一家の実直な父が正当化している不正、すなわちよい収穫を確保するために無実の犠牲者たちを火にかけて犠牲にするという慣習である。私たちはここではもはや、西部劇の道徳的な世界ではなく、古代悲劇の世界、つまりみずからは正しくある必要のない神々との関係で正義が定義づけられる世界にいるのである。

不正な正義というアポリアがどのように取り扱われているのかをみる前に、対話という形式を選んだことにどのような含意があるのか吟味しなければならない。この選択は、一見したところでは、本作の政治学を、映画に特有であるわけではない枠組み、つまり弁証法の技芸《アート》としての政治の技芸という枠組みに組み込むものである。私たちは、かつて映画とその政治の本質そのものとみなされていたもの、すなわちイメージの言語としてのモンタージュ——結びつけるもの（ヴェルトフ）としてであれ、対立させるもの（エイゼンシュテイン）としてであれ——からは遠く離れているようにみえる。本作は、断片的なものの政治のもう一つの大形式である、演劇における弁証法の方に向かっているのだ。というのも、この形式は古典古代より、正義の問題と強く結ばれてきたからだ。アイスキュロスからブレヒトやサルトルまで、演劇的な対話はしばしば、二つの不正義の間の関係をめぐる言い争いと同一化してきた。その際、対話を支える弁証法的な道徳を対極的なやり方で作動させる、二つの大形式があった。第一の形式である悲劇の形式は、二つの不正義——アガメムノンとクリュタイムメストラ、クレオンとアンティゴネー、トロイア人パリスとポリュクセネーの殺害者たるギリシア人たちそれぞれの不正義——の関係をはっきりと不決断の状態に置く。近代世界はとかく、ヘーゲルの轡に倣って、『慈みの女神《エウメニデス》たち』［アイスキュロスによるオレステス三部作の第三作］の法廷でオレステスが無罪放免されたことで、そのような不決断からは解放されたと主張する。エウメニデスたちの判決が、悲劇における不決断を消滅させる法の支配を創始したというのである。だが、問題の核心はそこではなく、不正義がどのような性質のもので、どんな主体に関わっているのか、という点にある。ギリシア悲劇は、互いに同程度の不正義の弁証法を舞台に乗せながら、その射程を限られたものとしている。主人公たちの下す決定が不正なものだったとしたら、それは彼らが、神々の意志について持ってもいない知識を自分は持っていると思い上がっていたからである。だが、そのような不正義を犯す余地があるのは、ただ偉大な作中人物だけ、その地位ゆえに決定を下さざるをえず、非理性へと仕向けられる作中人物だけなのである。これとは別の第二の形象が重視されるようになるのは、近代という時代において、つまり不正がもはや神々ではなく人間に対してなされる過ちとなり、正義をめぐる葛藤が、他人の生について決定を下す少数者たちと、彼らの権力に従う多数者たちの分割《パルタージュ》そのものに関わるようになるときである。そうなると、決定を下すことは被抑圧者たち自身が担うべき務めとなり、弁証法は彼らが奪取すべき武器であることになる。それを機に、弁証法は二分され、対立する議論どうしの緊張であるだけにとどまらず、手段と目的をそなえた科学となる。そしてこの後者が、大多数の人々の利益になることを顧慮しつつ、諸々の不正義に序列を付けるのである。となると、演劇は不正義と不正義がせめぎ合うとき、それにけりを付けることになる。たとえばブレヒトの『処置』では、街を救うために若き同志を死なせなければならないし、サルトルの『悪魔と神』では、被抑圧者の闘争を率いるために指導者たちにも当局が必要なので、それを安定させる不正義や嘘に同意しなければならない。だが、演劇がけりを付けるといっても、それは行動の模範を示すためではなく、むしろ状況を判断し、議論を評価する闘士たちの能力を目覚めさせるためである。けりを付けるような決定と、対立する議論どうしのバランスを取る巧みさの間のこうした緊張が、ブレヒト的対話の政治学の核心にあるものにほかならない。

弁証法のアポリアとその彼方

ところで、パヴェーゼが考え出した対話で注目すべき点は、二つの不正義（息子が告発する人身御供と、父親が議論する階級に基づく搾取）の関係が、偉大なる者たちの悲劇という倫理的弁証法と、貧しき人々の闘いという政治的弁証法という、二つの弁証法の関係でもあるということだ。このような置き換えがどのような帰結をもたらすのかを摑むためには、まずは『雲から抵抗へ』が正義のアポリア、対話という形式、そして映画における視覚性の間に打ち立てる関係を吟味しなければならない。演劇では、どのような役割を身振りや空間に取り戻させたいと思ったところで、具体的なものは何と言っても台詞がもたらす。羊飼いたちの火を囲んだ会話は、演劇では火も草も風もなしで済ませられ、そのことによって正義と不正義はいっそう大きな可感的な力を得る。映画はその反対に、知性化のための努力をどれほど払おうとも、語る身体とその身体が話題にする事物の可視性との強い結びつきを保っている。そこから導き出されるのは、二つの矛盾する効果である。一方では台詞や、それを担う身体や、その身体が話題にする事物の可視性が強化されるのだが、他方では台詞を否定するものとしての、あるいは台詞が話題にするものの不在を示すものとしての可視性が強化されるのだ。つまり、火や草や風は、語る身体の可感的な現存と、それが話題にする具体的な事物の明証性を増大させるのだが、それと引き換えに、対話の争点になっているもの──［生贄として］苦しめられる身体はもちろん、正義それ自体──を示すには無力であるということを表明せざるをえないのである。

本作はしたがって、一方では舌戦に臨む二人の身体、身振り、態度をたしかに差し出している。それは父親の丸みを帯びた、土台のしっかりした身体であり、酷暑という言葉に、イメージ化できない事物の可感的な現存を与える自信に満ちた声であり、生贄を捧げることの不正義をその中に理解すべきであるような弁証法を展開する、修辞的効果を狙った両手の身振りである。あるいは、それは痩せぎすの息子であり、まだ変声期を終えていない彼の声であり、唇を縁取る思春期特有の産毛であり、弁証法的な論証に対置される鋭い横顔であり、拒絶のしるしに手のひらを見せる、差し伸べられた手の身振りへの最後のクロースアップである。他方で本作は交わされる議論を、それが話題にするものだけでなく、まさにここでの問題全体の原因をなしているものにも対峙させる。つまり議論を、肥沃な牧草とミルク入りのお椀——換喩的にここにはいない羊の群れを表す——、種蒔きの首尾不首尾を決める月、雨を降らせるために灯される生贄を焼く火、その火を燃え上がらせ、おそらくは雨の前兆にもなっている風といった目に見えるものへと結びつけつつ、最終的には正義と不正義の不可視性へと対峙させるのである。

このような現前と不在の映画的な戯れは、ひとまず、弁証法的な討論のアポリアをいっそう困難なものにしているかにみえる。実際、羊飼いたちがいる場所の静けさが、堂々巡りをする弁証法の展開に対して与えられていて、父親の口からは、状況に適応すべきだし、より小さな悪を選ぶべきだというもっともな議論が発せられるが、それはおよそ決定的な結論ではなさそうである。その裏付けとして取り上げられる事例も同じで、父親が語るアタマース王の物語は、アタマースを犠牲にしようとしたから雨が降ったという結論と、彼を犠牲にしなかったから雨が降ったという結論を両方とも差し出しているのだ[1]。残るのは、息子が言い表す「どうして正しい人々が無実の人々を焼くことができたのか?」という愚直な問いかけである。父親は、抗弁の余地のない一つの事実、つまり酷暑［による旱魃］のためだった、と言う。だが、父親が説明する答えの中には、折り合うことのない二つの答えが含まれている。一つは、酷暑によって人々がまるで正義を知らない獰猛な獣に変容したというもので、もう一つは、大多数の善のために、足の悪い者や浮浪者といった共同体にとって最も役立たずの人間を生贄にするのは正しいというものである。犠牲者たちの苦悩や、それが含む感情の強さなど大したことではなく、泣き叫んでいるのは誰なのかを知るのが肝心である、というわけだ。これは目的が手段を正当化するという古典的な議論だが、その議論は二重底になっている。というのも、無実の人々の殺害を、雨をもたらす必要があるという理由で正当化するには、生贄を捧げた結果として雨が降ったことを確固たるものと考えなければならないし、迷信それ自体についても、それが人民の善を引き起こすのであれば良いものであると認めなければならないからだ。これと同じ議論を、『月とかがり火』の思慮深い共産主義者ヌートも展開している。月がもたらす効果についての迷信を、実際的な感覚をもつ「アメリカ人」が告発するとき、ヌートは、民間信仰が良いか悪いかは、それが人民の大義か搾取者の大義のどちらに奉仕するかによる、と言うのだ。[2] ところで、ここでの父親は、酷暑に相当するものは今日では資本家であり、雨を降らせるのにかつては浮浪者を焼けばよかったとすれば、いまや世界が公正なものとなるために、どれほど多くの支配者の家を焼き、どれほど多くの資本家を殺さなければならぬのか、と言う。しかし、このような計算からはいかなる結論も出てこない――結論と言いうるのは、神々と資本家たちがぐるになって自分たちの怠惰という特権を保っていることや、被抑圧者たちは犠牲者を選出するにあたって最大限の有用性の原則だけで満足しなければならないことだけなのである。「マルクス主義的」な弁証法が生み出すのは、せいぜい、世界の掟がそうなっているのだから不正を犯すのを甘んじて受け入れようという賢明さだけである。それに異議を申し立てる息子の側の叛逆も、被抑圧者たちは不正を受け入れているのだから抑圧されるのは当然であるという、また別の諦観へと至って

『雲から抵抗へ』（ダニエル・ユイレ／ジャン＝マリ・ストローブ、1979年）

いる。[3]

息子はこのように言うものの、まさにその時、弁証法が不決断に陥ることで、二人の映画作家には、物質的な場所の静けさと、ありきたりの考えどうしがなすアポリアを同時に突破するような、ある介入の機会が与えられる。実際、彼らは二つの点で主導権を握る。一つはもっぱらテクストにのみ関わるもので、彼らは息子が［父親の話を］遮って言う台詞を最後の言葉としているのだが、パヴェーゼの対話はその台詞を父親に返し、父親は息子を物知らずとして扱って、灌水を再開するように促すのである。[4] もう一つは、息子の台詞に合わせて、貫頭衣《チュニック》に沿って下ろされる手の身振りをクロースアップで示すというもので、観客は、その重層的な身振りがもちうるメッセージ——大地を指し示すこと、拒絶の宣告、他の未来へと開かれた手……——を総合する務めを負うことになる。この不決断の身振りは、同時に、弁証法的なやり取りの糸車を打ち砕く決断の力でもある。とするなら、テクストとイメージの緊張は二重の意味を帯びる。ジャン＝マリ・ストローブとダニエル・ユイレが一九七〇年代末に、弁証法的な確実性の巨匠である共産主義の劇作家ブレヒトに代えて、共産主義の作家パヴェーゼを起用するのは故なきことではない。この作家は、かつてパルチザンたちが行動していた丘の上に旧来の秩序が回帰していることを確認したうえで、丘と大地と収穫の世界と、革命による転覆の約束とが矛盾なく両立する可能性そのものについて自問する。「ギリシア人も人身御供を行なった。農耕文明はみなこれをしてきた。そして文明はすべて農耕にまつわるものであった」とパヴェーゼはこの対話冒頭の銘句に書き付けている。(1)この命題を弁証法的実践に組み入れることによって、明らかに、その実践を悲劇の不決断という新たな形式へと開くことになるし、共産主義の未来全体をめぐる考察は、神話とその反復的な歴史の挑発を考慮に入れざるを得なくなる。つまり、弁証法が約束するものを宙吊りにし、不正義を承諾すること――不正義を犯すことはつねに「もっとも」なことだった――と、その拒絶を単に宣告することとの間の隔たりに、本来の可感的な力を与え直すことになるし、さらに言えば、ありきたりな考え、弁証法的論証のトポスの数々をひっくり返し、ある歴史的経験を担っている台詞の可感的な塊《ブロック》へとそれらを変容させることにもなるのである。だとするなら、神話と運命という太古からあるものは、もはや、正義のための闘いの道の妨げとなることはなく、集団的な経験と、それを言い表す能力の可感的な豊かさとなる。この観点からすれば、父親の賢明さと息子の拒絶は同等のものとなり、どちらも同じように、自分たちや万人の運命と同じ高みで語ることのできる羊飼いたちの能力をはっきりと示すものとなる。興味深いのは、対立する議論のこうした可感的な平等性をここで担うのが、俳優ならざる者たち――トスカーナ地方の小さな共産主義的な村落の五月一日《プリーモ・マッジョ》サークルに出入りする人たちから採用された労働者や勤め人たち――であるという事実である。この上なく難解な台詞に最大の可感的な強度を与えるということの万人のもつ能力は、ストローブ夫妻のその後の映画の核心をなすことになるだろう。彼らのカメラがなす仕事は、そのような可感的な力能を増大させることである。息子の身振りは単に父親の弁証法を遮るだけでなく、彼の台詞と経験の塊にそなわる可感的経験の豊かさと一体化し、その豊かさを、光、風景、風の現前する豊かさと編み合わせている。この地点からは、月とかがり火、牧草とブドウ畑、砂の道を踏む足音の軋み、小川の音や木々を揺らす風の音、そして遠くにあるものどうしの混じり合いは、その都度、共通の可感的な豊かさと、正義を不可視のものとする世界のデクパージュという二重の相のもとに感じ取られることになるだろう。

ゴダールの事例

こうして、弁証法と神話との間の緊張関係は、現前と不在の叙情的な凝縮のうちに吸い込まれていく。このような弁証法の変質《メタモルフォーズ》は、ゴダールの取った行程が示す別の変質と比べることで意味を持つようになる。彼の『愛の世紀』は、『雲から抵抗へ』から二十年以上もの歳月を経て、『労働者たち、農民たち』と同時期に撮られたにもかかわらず、『雲から抵抗へ』を想起させるかもしれない多くの特徴を有している――レジスタンスとその浪費されてしまった遺産への参照が共通しているし、何らかの歴史的経験を寄せ集めたテクストの葉叢を、黙してしまった歴史の場所と対峙させる仕方も同じである。しかし、ブレヒト的な対話の変転は、まったく異なる道をたどっているのだ。一方で、言葉と物の弁証法的な対峙は、ゴダールにおいてはノスタルジーに転じ、歴史のシニフィアンはそれが示す場所のうつろさや、それが示す時代の衰弱と向き合うことになる。作中人物たちがSNCF［フランス国有鉄道］の車庫の中を夜にさまよい歩いたり、スギャン島——いまや取り壊しを待っているルノー工場のかつての中心地——の前で立ち止まるのも、「うつろな砦」が労働組合運動《サンディカリスム》の牙城と自閉症者の脳を同時に参照するという言葉遊びが出てくるのも［『うつろな砦』は、心理学者ブルーノ・ベッテルハイムの自閉症児の古典的研究のタイトルでもある］、四人の庭師がもはや消滅した労働者のメタファーとなっているのも、『アタラント号』の歌が民衆的な過去を象徴し、老婦人の息切れした声がレジスタンスの記憶を担っているのも、すべてその証左なのである。他方で、異質な諸要素の衝突はその挑発を激化させて、不正義どうしの間の選択が根本的に不可能であるという状態を生み出すに至る。ハンナ・アーレントが注釈したルネ・シャールの有名な文句［「われらの遺産に先立ってはいかなる遺言もない」[5]］に『愛の世紀』の中で応答するのは、銃殺された対独協力者ロベール・ブラジアックの、ヴィヨンに倣った「遺言」——略奪を受けたユダヤ人収集家が［主人公の］演出家に貸し与えたアシスタントが節をつけて口ずさむもの——である。彼はその文句を「自由」という看板を掲げるカフェの手前で言い終わり、その後、私たちはコソヴォに居合わせた人物の帰国報告へと案内される。セルビア人が犯した残虐行為について語るその言葉は、自分の兄弟たちも似たような残虐行為に手を染めていたと嘆くコソヴォ人ジャーナリストの言葉によって二重化される。諸々の不正義は互いに等価であって、何らかの身振りによって遮られることもないし、素人の声によって朗々と語られることもない。ただ監督だけが、それらの不正義どうしの緊張を作動させる力を保持している。何冊もの本の表紙が〔いわば〕半開きになるのは、もっぱら、いくつかの警句を繰り出して、それらが互いに衝突し合ったり、場所のうつろさと向き合うようにするためなのである。

こうした光景は、『アワーミュージック』では、サラエヴォの焼失した図書館というもう一つのうつろな場所をめぐって別様に繰り返されている。セルビアの砲弾によって破壊されたこの図書館の中に、そしてまたクロアチアの砲弾によって破壊されたモスタルの橋の前に、映画作家は昔日の西部劇から出てきた三人のインディアンをやって来させるが、〔映画の〕言説は今日パレスチナ人が被っている不正義を、トロイアの——軍事的かつ詩的な——運命と、収容所で殺されたユダヤ人たちの被った不正義と、そしてフランスの元レジスタンス活動家の沈黙と対峙させている。それと相前後して、〔ゴダール自身が演じる〕監督が学生たちに示すのは、ナチスの収容所におけるユダヤ人と回教徒《ムスリム》の類似性であり、どれも互いに似通っている戦場の廃墟のうちの一つを特定などできないということであり、監督の〔ハワード・〕ホークスが男性の顔の大写しのショットと女性の顔への切り返しショットを区別できないということである。要するに、言葉とイメージは、際限なく告発できる力と、けりを付けることが決してできない無力とを荒々しく対峙させているのだ。言葉とイメージの関係は、ゴダールにあってはいまや二つの形象の下に現れる。『映画史』において言葉とイメージは、互いに互いをかすめることもあれば、溶け合ったり、分化したりすることもあり、再びあのグラフィカルな共同体を見出す——『十一年目』や『世界の六分の一』の時期のヴェルトフが、新たな共産主義世界の感覚体を織り上げようとして、そのための手段としていた共同体のことである。ただし、その共同体を再び見出すといっても、それは影のうごめく場、死と芸術の場でなされることである。それに対して、生きた身体が言葉とイメージを調和させなければならず、映画が生者たちと彼らの行動の可能性について判断を下すことを買って出る場合には、再び言葉とイメージの間に隔たりが生じる。一方で、インディアンたちが自分たちの言葉を空っぽの図書館の中に反響させるとき、それは不正義についてヨーロッパにおいてなされる対話が忘却し続けている言葉として提示されている。他方で、同じ赤い肌《ポー・ルージュ》の連中がモスタルの橋の前で馬にまたがり、パロディ風の羽飾りを身に着けているのは、ヨーロッパの図像の紋切型を告発するためである。しかし、結合してしかるべきこの二つの告発は、互いに打ち消し合っているのだ。スクリーンに現前する身体は、二つの告発の総合を可能にするような自律性を持ち合わせていない。イメージのステレオタイプを告発

『アワーミュージック』（ジャン゠リュック・ゴダール、2004年）

するとき、スクリーンに現前する身体からは言葉の力が取り上げられ、それは至上権をもつ声に引き渡される。そしてあくまでもその声が、ありきたりの考えを繰り広げる言説とそれを遮るイメージの荒々しさとの、視覚的なステレオタイプとその明証性を穿つ詩的な言葉との果てしない対峙を組織するのである。

『雲から抵抗へ』がそのような弁証法の皮肉な運命を免れているのは、テクストと可視的なものの可感的な豊かさを、身体の力能と連結することによってである。本作における身体は、拒絶の身振りをなすと同時に、〔不正義を〕甘んじて受け止めよとしきりに勧めてくる学知の言葉それ自体に含まれる肯定の能力を奪い取るような、声のパフォーマンスを行うこともできる。ストローブ夫妻の作品群において、若き羊飼いの拒絶の身振りは、『辱められた人々』〔『放蕩息子の帰還／辱められた人々』の後半部〕で、彼らの小さな共同体の懐古趣味的な幻想をめぐる非の打ち所のないマルクス主義的論証を素っ気なく遮る労働者の老人の言葉に至るまで続いている。こうして、ストローブ夫妻の映画の政治学は、分裂をめぐる弁証法の力能を朗々と言葉に出すと同時に、正義があらゆる議論に対して示す抵抗を一つの身振りに要約できるような、民衆的な身体をくっきりと描き出す技芸のうちに定められ、その抵抗自体も視覚的にはその対立物――正義と不正義についてのあらゆる論証に対して自然が示す抵抗――と等しいことが判明する。ゴダールにおける弁証法の政治は、イスラエル人をフィクションの色彩の中へ入らせ、パレスチナ人をドキュメンタリーの白黒へと追い出すショット／切り返しショットの周囲に、結論なき言葉を旋回させるばかりだ。それに対してストロープ夫妻にあっては、弁証法は合唱隊《コロス》のようなものによってなされる答唱のうちに据えられる。その合唱隊は、声を合わせて、弁証法的なやり取りから、言葉の叙情的な力能、可感的な塊にそなわる力能——その場となっている自然の力能にも等しいような——を引き出すのである。

外部と内部の緊張

こうした共産主義的カンタータの政治学は、映画における政治学の模範ではなく、一つの目印を差し出している。それはある時代の刻印でありつつ——その時代に弁証法は、かつてそれを支えていた歴史の動きを取り上げられ、新たな場、言葉と身振り、時間と空間の新たな分配を構築しなければならない——、それにとどまらず、映画作家たちがその時代以来、どのように歴史の亀裂や、領土、不正義、新たな紛争の間の道筋の混乱を扱おうとしてきたかを評価するための定点でもある。たしかに、ストローブ夫妻の映画の数々にみられる共産主義と、タル・ベーラが『サタンタンゴ』で舞台に乗せ直す共産主義の間には何の共通点もない。後者において共産主義は、少女の自殺を中心に構築される詐欺の歴史＝物語《イストワール》として提示され、少女の兄は、後で自分がお金をせしめるために、貯金を地面に埋めれば実を結ぶようになると妹に信じ込ませていた。しかしながら、詐欺師とその犠牲者たちが入り乱れるこの歴史＝物語のまっただ中に、ストローブの羊飼いの身振りと無関係ではない拒絶の一形式が出現する。それは少女の最後の旅路をとらえた一連のイメージが示すもので、彼女はまず酒場の窓ガラス越しに私たちの目に入ってくる。酒場では少女の母親が、他の農民たちと一緒に、踊りと酒がもたらす熱狂に駆られている。少女は、そこにやって来た医者の方に駆け寄り、何かを告げ――その内容は最後まで分からない――、彼を転倒させるとその場を逃げ去り、非常に長い二つのショットでぬかるんだ道を進んでいき、夜明けに廃墟と化した教会にたどり着くと、そこで殺鼠剤を飲み込むことになる。

なるほど、私たちはここでストローブ夫妻からは最も遠く離れたところにいるのかもしれない。『サタンタンゴ』のどんよりして、雨の降り止まない田舎は、自然の列に高められることも、何らかの神話性をまとうことも拒んでいるし、弁証法的な言葉も単に美辞麗句を弄するだけの奸計であることが明らかになる――口が達者な詐欺師のイリミアーシュは、少女の死と少女に近しかった面々の罪の意識を利用して、村人たちに、ありもしない共同体へと償還金を取りに行かせ、彼らが残したお金をせしめようとするのだから。しかしそれでも、雨が降る中、飼い猫の死骸を腕に抱えながら、夜明けに殺鼠剤を飲み込むつもりで自ら選び取った場所に向かって決然と歩いて行く少女の姿は、詐欺師の誘惑の力能を上回る、拒絶の視覚的な力能をスクリーン上に発揮しているのだ。少女の執拗な歩みが浮き彫りにする抵抗の形象は、ごく自然に他の抵抗の形象と関連し合うようになる――ストローブ夫妻の若き羊飼いが腕を伸ばすさまのみならず、ブレッソンのムシェットが意固地な態度を示したり、泥だらけの足を泣き女の敷物で丹念に拭い取るさまや、ビクトル・エリセの『ミツバチのささやき』の少女アナが不安を気遣いに変えて、自分がフランケンシュタインのイ

『サタンタンゴ』(タル・ベーラ、1994年)

メージと結びつけている負傷した脱走兵にリンゴを差し出す身振りとも連動するのである。それに『サタンタンゴ』においても、農民たちが家具を打ち壊して燃やすことで退路を断つというイメージは、空間のうつろさや言葉の欺瞞に決然とした身振りを対置するあの抵抗の力能と似通っている。歴史的な共産主義の終焉の悲観的な観察者〔タル・ベーラ〕は、『労働者たち、農民たち』の可感的な塊が讃える永遠の共産主義からはほど遠いようにみえるかもしれない。だが、次のことは覚えておくべきだ。ストローブ夫妻は『労働者たち、農民たち』の後で『辱められた人々』を手がけた。そこで台詞をすっかり占有するのは、共同体を裁く二つの法廷的な人物像、つまり共同体に対して所有権という普遍的な掟を突き付ける検事と、古き時代の協同組合の後進性を告発するパルチザンたちである。父親の賢明さ——太古のものの賢明さ——は、息子たちの賢明さ——すなわち、歴史の審判——となった、というわけだ。その際、ただ身振りだけが弁証法の糾弾に対する応答となる。『辱められた人々』は、若き羊飼いの拒絶の身振りを再現するような、女性の閉じた拳で幕を閉じる。もっとも、この結末それ自体も、陽光の下での水や風のささやきだけを、論争が交わされていない場所で聞かせるという付加的な目的によって取り消されている。

というのも、ある歴史的経験の約束や裏切りについて映画が提起しうるさまざまな演出の背後には、運動するイメージの芸術と、それが語る物語やそれが審理する訴訟との間の固有の関係に結びついた政治学があるからだ。つまり、語りのトポスや弁証法的なトポスを、スクリーンの平坦なフレームや、そこでの空間の展開の仕方や光の震え方へと立ち戻らせるその芸術ならではのやり方があるのだ。私は序言でその緊張のことを、別の時代のある一本の政治映画に関して持ち出した。行為の連鎖という語りのモデルに従って、何が正しく何が不正なのかについての確信を土台としながら、正義と親子関係を扱っているその映画とは『山椒大夫』だった。同作では実際、語りは模範的な仕方で二分される。約束したことを達成するため、逃亡した厨子王は新しい将軍に死んだ父親の名誉回復をしてもらうことに成功し、みずからも首尾よく国司の地位を賜り、それを利用して、治めている地方で奴隷解放令を布告する。だが、その決定が下されるやいなや、厨子王は辞職して母親を探しに旅立ち、最終的にはある島で、盲目となり正気を失った老母と再会することになるのである。

このように正義の物語は、二度にわたって終わりを迎える。語りの上では奴隷解放によって――

厨子王も観客も、それが長くは続かないと分かっている——、そして視覚的には抱きしめ合う二つの身体の光景が、末尾のパノラミックで海岸の穏やかな風景のうちに消失していくことによって。母親とその子供たちが被った不正義が償われることはないものの、あの最後の和解があり、筋立ての暴力によって引き離された二つの身体は再び結び合わされ、あの緩慢な運動によって平穏なイメージのうちに消失する。映画《シネマ》の的確さは、運動するイメージの二つの方向——世界の不正義へとイメージを開いていく方向と、あらゆる不正義の筋立てを、ある表面の上での揺らめきに変える方向——の間に保持される宙吊りの状態と引き換えに得られるのである。

こうした外部と内部の緊張は、古典的な語りの形式（溝口）にも弁証法的な形式（ストローブ）にも共通するものだが、映画と政治の紐帯の変転は、まさにそのような緊張に照らしてこそ考えることができる。その事例についてはいくつかを持ち出すにとどめておこう——いずれも、フィクションの意味と、内部と外部の関係を、別の仕方で活用している映画作家たちから借用した事例である。ペドロ・コスタは『骨』を最後に語りのモデルと手を切ってストローブ夫妻のモデルに準拠し、語りへの隷属からすっかり解放された自律的な身体のなすパフォーマンスを撮影するようになる。とはいえ、辱められた人々に、彼らの世界に含まれている豊かさのすべてを返却しようとする彼の気配りは、どんな弁証法的な言い争いからも解放されている。フォンタイーニャス地区の路地に据えられた火鉢の周りでは、正義と不正義の理由をめぐる討論がなされることはない。神々や資本家や革命家も、ヴァンダの部屋や彼女の友人たちが不法占拠している集合住宅にはいない。そこに滞在し、行き交う地区の住人は、映画作家の意志とは無関係に生存し、自分の経験を朗々と語るためのテクストも手中にしていない。とするなら、ペドロ・コスタ作品の政治学は、より根源的な水準において行使される――つまり、アリストテレスが『政治学』の冒頭で、論証を行う言葉と、不平を喚き立てる声を区別するときに提起される水準において。重要なのはもはや、まったき明るみの中にそびえ立ち、正義と不正義のアポリアについて論証する偉大なテクストを奪取することができるという、民衆的な人々のもつ能力を明らかにすることではなく、染みだらけの壁、蚊の飛び交うあばら家、外の物音が聞こえてくる部屋といった舞台背景が一つの世界を構築しているのかどうか、若者たちが身体をぐったりさせて、咳で震える声によって、彼らだけが経験したことのある「魔女たちの家」に言及するとき、それが一つの会話を形作っているのかどうか、そして、この会話それ自体が苦悩する身体の立てる物音にすぎないのか、それともある種の人々が選び取った人生についての省察となっているのかどうかを知ることである。カメラは、社会的な流刑の場にあって、光と色彩の無限と言いうるほど多様な変容を収集することで、これがたしかに、この人々が住まう一つの世界であること、すなわち、〔『コロッサル・ユース』において〕市に斡旋される白い立方体のような住居にみられる飾り気のなさや、絵画の金色の額縁が、光と色彩の戯れを、世界の喧噪からも移民たちがたどる旅程からも隔絶して提示する美術館の閉ざされた空間に対置できるような、経験の世界であることを示している。可感的な世界の豊かさは、もはや、弁証法的な論争が持ち上がる背景ではない。その豊かさは、ペドロ・コスタが戦闘的映画よりもジョン・フォードやジャック・ターナーから受け継いだ光と影の戯れと、さまざまな体制を移りゆく言葉との緊迫した関係において、絶えず問いに付され、絶えず獲得されつつあるか失われつつあるものなのだ——ちなみに、言葉のさまざまな体制について言えば、たとえば『コロッサル・ユース』には、ヴァンダの部屋での散文的な会話、猫のような眼差しによって強められるヴェントゥーラの沈黙、彼の黒いシルエットの硬直ぶりによって支えられる謎めいた台詞があり、あるいは、移民たちの手紙の抜粋が、テレジンに向かう途中のロベール・デスノスの最後の手紙と混じり合う恋文におけるように、アフリカ出身の旅人たちの経験を伝える叙情的な台詞が別の台詞と混じり合う。共通世界の豊かさと任意の個々人の能力は、もはや、どんな弁証法的定式のうちに据えられることもできず、特異な仕方で凝縮されたものの多様性という形をとって配分されている——狭い室内における緑と青の単彩画《カマイユ》、あばら家に置かれた四本のボトルで構成される静物、〔美術館のシークェンスで〕一枚の絵画の沈黙を際立たせたり、〔不動産屋に住居を紹介してもらうシークェンスで〕腕を伸ばすことで相手の話に反駁したりする黒いシルエット、失業中の移民の男〔ヴェントゥーラ〕が遠い土地からやって来た領主へと姿を変えるモノローグ、万人の所有するものとなった恋文が約束する詩的な贈り物の数々、といったように。こうした凝縮はどれも、スクリーンの表面上で、ある失われた偉大な芸術の代理物として、つまり、人生そのものの芸術、可感的な豊かさと経験の諸形式の共有〔partage〕の芸術の代理物として機能しているのである。

とするなら、映画の政治学は、自律的な身体の観察という「ドキュメンタリー」的な原則と、諸々の空間の再構成というフィクションの原則との関係においてこそ決まる。まさにその種の政治学を別の仕方で適用しているのが、カリル・ジョレイジュとジョアナ・ハジトゥーマの『私は見たい』である。ここで「フィクション」を構成するのは、廃墟と化したレバノン南部の風景を、異質な俳優たちの二つの身体が見て、踏破するという短い旅である。一方にはフランス人スター〔カトリーヌ・ドヌーヴ〕の身体があり、彼女は「見に」来たものの、スター女優のシルエットが集めてしまう注目の眼差しをどう逃れればよいのか、そして同時に、見たいと思っていた廃墟にどう足を踏み入れればよいのかと困惑する。他方にはレバノンの俳優・パフォーマー〔アーティストとしても知られるラビア・ムルエ〕の身体があり、彼の方は廃墟の中をぶらつき、必要とあらば廃墟を気に留めないことにも慣れているが、その同じ廃墟を前にして、家があったはずの場所の見慣れた配置を目で見ても再認できないことに当惑を覚える。タリク・テギアが『インランド』で組織するのも、やはり空間と空間の対峙である。同作でのフィクションは二つのやり方で表明されうるのであり、作り出された登場人物の物語としてのフィクションだけでなく、一つの領土を構築する複数のやり方どうしの隔たりの体系としてのフィクションもあるのだ。〔後者について言えば〕最初の隔たりは、権力の言語、ないし急進派の知識人たちの言説が言い表しうるものとしての一つの国（アルジェリア）と、彼らのグループから身を引いた一つの身体が踏破する限りでのその同じ国との間に存する。この元闘士の身体は、いまや貧弱で物静かなシルエットと化していて、あたかも、将来の送電線となる正確な直線を領土の上に引くべく、レンズを通して見ることを余儀なくされている地形測量士という彼の仕事の似姿であるかのようだ。この地形測量士の登場人物は、ひとまず、綿密な調査によって、可視的なものの領域にみられる物質性を再発見し、それを覆い隠しているイデオロギー的な諍いを超えるように定められている映画の隠喩であるようだ——その物質性とは、トレーラーハウスの中に付着した最近の戦闘に由来する血痕や、破壊された農場や、動物の群れが草を食む場となっているゴミ溜めや、友愛と平和が戻ったことを祝う村人たちが取り囲んでいる火や、新たな戦争を告げる人々の叫びのことである。だが、この最初の隔たりは、この国の現実を着実に、ただひたすら見ることに専念する地形測量士の描く図面が、ブラックアフリカを出発してスペインに達しようとする出稼ぎ労働者たちのなす太い線、生きていくことができると思われる場所に向かって進んでいく人々のなす線とぶつかるときに、第二の隔たりに引き継がれる。とすれば、この映画の政治学は、空間を踏破し、そこに住みつく人々を正当に評価する一つのやり方が、別のやり方に遮断され、曲げられるようになるという動きと同一視されることになる。測量士の着実な歩みは、おそらくマリからスペインに向けて出発し、今では国に戻りたがっている名もなき若い女性の思いがけない身体によって押しのけられる。測量士の忍耐の線は、一つの逃走線——その線は逆に、国境と呼ばれるあの抽象的な地点に到達するために、諸々の滑らかな空間を大急ぎで食い尽くさなければならない――に引きずり込まれ、それと重なり合っていく。この横断の最中には、突出した瞬間、すなわち、本作が通り抜けるさまざまなアルジェリアと、そこで作り上げられるさまざまな速度や時間性が凝縮された瞬間が見受けられる。その瞬間が到来するのは映画の最後の方、車が砂漠の真ん中で故障してしまったので、マレクが代わりの交通手段を確保してくれる友人を見つけに南部の街にやって来るときである。

このエピソードはまず、マレクと「少女」が、「発展途上国」に典型的な舞台背景の中にいるのを見せる。そこにあるのは、建設中の未来に属するのか、打ち棄てられた建築現場の一部なのか分からないブロック塀である。マレクがドアをノックすると、その背後には歓待の領土が開かれている――いつもは伝統的な社会に結びつけられるこの［歓待という］美徳は、今日ではとかく、昨今のイスラム主義の暴力と対比され、この映画の美学的・政治的な企画の隠喩のようなものとなっている。彼を迎え入れてくれた男のおかげで、マレクが国境にたどり着くためのオートバイを手に入れると、私たちは若い女性が測量士を引きずり込んで逃走する砂漠の抽象的な領土を通り抜けていく。だがその砂漠も、二人の知識人の闘士が、自分たちの政治的なラディカルさを取り戻そうと、軽く身体を動かすために別の砂漠を歩いている姿によって遮られる。この二人は、マレクが後背地を踏破している間に、理想的な社会について討議しているのが映画全体を通じて見られるグループに属している。弁証法的な会話はここでは純然たるパロディとなり、それに国の現実が対置されていると考えてしまうかもしれない。だが、そういうことではまったくない。こうした「大衆から切り離された」知識人たちの会話もまた、国を群島のように構築する島々のうちの一つとして、本作が列挙する共通の豊かさの一部をなしているのだ。映画の冒頭では、閉ざされた空間に集まって、自分たちは女性への生成変化を遂げると言明し、「知性が社会全体を通り抜ける」のを称揚する饒舌な男たちのことをあざ笑ってもよい気がするものの、まさにそのような集団的な知性の両性具有への生成変化こそ、測量士と逃亡者を運び去るオートバイによってなされる砂漠の横断が演出しているものである——二つの逆向きの形をとる運動、正義についての二つの異質な人物像が、映画の力能によって同じ一つの運動体のうちにまとめられているのだ。このようなわけで、正義についての弁証法的な論争は空間どうしの対峙という形をとっている。しかも、それらの空間の横断それ自体も、シルエットと旅程がスクリーンのうちに取り戻されるようにすることで、映画的作話《ファーブル》がそれとして姿を表すことを命じる掟に従っている。『インランド』の末尾では、複数のシルエットが、それらが元々そこから生じた、砂の色の未分化な状態へと戻っていくのである。だが、そのような効果を生み出すには、砂漠や広大な空間すら必要ではない。ラバ・アメール＝ザイメッシュの『最後の抵抗』の結末は、間違いなくより戦闘的である。語りという観点からは、映画は企業内でのある決戦前夜で締め括られる。解雇された労働者たちが、その企業の製品であるとともに映画の舞台背景をなす赤いパレットの山を使って、入り口をふさぐのである。パレットとパレットの間の裂け目から差し込む光は、夜のバリケードを新たな種類の「労働者の砦」に変えるが、それは語りの上での帰結をいっさいもたらすことなく、最後の黒画面の中に消えていくので、ただちに遊戯的な性格のものであることが分かる。

　往年の弁証法的な言語の戯れをこうして空間の戯れに変容させることとは、映画の政治学に関するある種の期待からはかなり隔たっているようにみえるかもしれない。だがそれは、正義をめぐる論争の演劇的諸形態を二つの方向に移動させる動きを独自の流儀で続行しているのである——その二つの方向とは、共通の経験の豊かさを表現するという、任意の人々がもつ能力の表明と、可視的な事物の表面に、正義の徴候を見出そうとするあらゆる試みの不確かさだった。ストローブ夫妻の『雲から抵抗へ』という」映画が目印となるのは、それがこの二つの動きの間のバランスを実現しているからである。つまり、映画《シネマ》は一方では、不正義をめぐる論争の演劇的な力能を匿名の人々に譲り渡しながら、他方では、論争を光り輝くイメージの投影に変え、人生と一体化しようとする演劇の思い上がり——演劇が、行動中の語る身体がもつ現実性によって保証していた思い上がり——を退ける。この映画の側からの対抗の動きを、表面の叡智と呼ぼう。そして、今日ではバランスが明らかに、その叡智の方に振れていることを確認しておこう。しかしながら、ある種の戦闘的な期待に照らしてそこに撤退があるとみなすよりも、私はそれがそのような期待そのものについて自問する機会となっていると考えたい。ルソーの『演劇に関する手紙』から二世紀半の歳月が経ってなお、作品の政治的効果は、魅力や嫌悪、憤慨や活力によって定義される感情の産出によって測られるという考えに強く拘っている人々がいる。彼らはなお、知覚の諸様態と、知の諸形式と、働きかけを行う諸々の情動とを結びつけようとする因果関係のモデルにしがみついている。だが、彼らがそのような力を作品に付与しても、結局はますます、それらの力が間違いを犯しているのを目の当たりにし、そこから無力の診断を引き出すだけである。私自身は、表面の叡智の方にこそ、つまり正義の諸問題が的確さの要請に従って測られるやり方のうちにこそ、より多くの共通の力能が保存されていると考えている。それだけでなく、以上にみてきたさまざまな空間や旅程、歩く者たちと旅の数々がなす物語群は、私たちが展望《パースペクティヴ》を反転させる助けとなりうる。つまり私たちはそうした物語のおかげで、もはや政治的な目的に適切に奉仕させられる芸術の諸形態を思い描くのではなく、可視的なものの諸芸術がさまざまな眼差しを発明し、身体をさまざまな場所に配置し、それらの身体が踏破する空間を変容させる複数のやり方を元に再発明された政治的諸形態を思い描くことができるようになるかもしれないのである。

原註
（1）Pavese, *Dialogues avec Leuco*, trad. André Coeuroy, Gallimard, 1964, p. 181.［『パヴェーゼ文学集成6』河島英昭訳、岩波書店、二〇〇六年、三三二頁。ただし訳文を一部改変した］

訳註
［1］父親が語るアタマース王の物語のあらましは以下の通り。旱魃に対処しようとするアタマース王は、若妻の入れ知恵に従って、先妻の二人の息子を供犠に出そうとするが、彼らが逃げ出したため、出始めていた雲も消えてしまう。そ

れを見た魔女が、代わりに誰かを生贄に捧げることを強硬に主張したため、人々はアタマース王を捕らえて、かがり火の中に投げ込もうとするが、まさにその瞬間、恵みの雨が降り注ぎ、お人好しの王は皆を許す。

［2］『月とかがり火』の第九章を参照。「そのときだった、落着きはらってヌートがぼくに言ったのは、害をもたらすものだけが迷信なのだ、と。それゆえ、もしも月と篝火をつかって農民から奪い、彼らを闇におくような者がいれば、その人物こそは無知なる者であり、広場で銃殺しなければならないだろう」（パヴェーゼ『月と篝火』河島英昭訳、岩波文庫、二〇一四年、七九頁）。

［3］映画のエピソード末尾で、息子が次のように言うのを踏まえている。「ぼくは嫌だ、ねえ、ぼくは嫌だよ。ぼくらがお互いにあれほどまでに不正であったのなら、主人たちがぼくらの骨の髄までしゃぶったとしても、当然なのだ。神々がぼくらの苦しむのを眺めていたとしても、当然なのだ。ぼくらはみな悪人なのだから」（『パヴェーゼ文学集成6』、三三八頁。原文の脱落箇所を補った）。ただし、末尾の一文は映画では割愛されている。また、すぐ後に論じられるように、パヴェーゼの原作ではこれは最後から二番目の台詞である。

［4］「かがり火」を締め括る父親の台詞は、以下の通り。「いまは小枝を浸して、撒きちらせ。おまえはまだ物知らずだ。そういうおまえにも、正義と不正とを語ることはできる。海のほうへだ、愚か者め……おおゼウスよ、この捧げ物を受けたまえ……」（同書、三三八頁）。

［5］「イプノスの綴り」にみられるこの詩句を、アーレントは『過去と未来の間』の序文で、「ヨーロッパの作家や文人の一世代全体にとってレジスタンスの四年間がもった意味を凝縮しその核心を記したアフォリズム」と評している（『過去と未来の間――政治思想への8試論』引田隆也・齋藤純一訳、みすず書房、一九九四年、一頁）。

ペドロ・コスタの政治学

世界の悲惨と審美主義の罠

ペドロ・コスタの映画作品の政治学をどのように考えればよいのか。答えはひとまず単純であるかに思われる。彼の映画作品には、その本質的な主題として、私たちの時代のさまざまな政治的争点の核心をなすような、ある一つの状況があるからだ。それはつまり、搾取された者たちの巡り合わせ、遠く離れたアフリカの旧植民地からポルトガルの建設現場に出稼ぎに来て、その現場で家族を、自身の健康を、時には自分の生命を失った者たち、つい先頃まで郊外のスラム街に詰め込まれていて、やがてそこから新しい住居――より明るく近代的だが、必ずしもより住みやすいわけではない――へと追い出された者たちの巡り合わせのことである。この中心的な核に、他の敏感な政治的テーマが加わってくる。『溶岩の家』ではサラザール政権の抑圧に歯向かう者がアフリカの島嶼に置かれた収容所に送り込まれる一方で、その島々からアフリカ人たちが仕事を探しに本国に赴いていたし、『骨』以降の作品では麻薬と社会的漂流のせいで移民と同じスラム街に行き着いたリスボンの若者たちの生活が描かれる。

しかしながら、芸術を政治的なものにするには、社会的状況だけでも、あるいは搾取され、打ち棄てられた者に対する明らかな共感だけでも十分ではない。人は通常、その状況を何らかの原因がもたらす結果として可知的なものとし、その状況を改めるさまざまな形態の意識と情動を状況自体が生み出していることを示すような、ある表象の様態がそこに付け加わっていなければならないと考える。だからこそ人は、作品の形式的諸手段が、知性に対しては原因を示し、感性に対しては効果を生み出そうとする配慮に従うことを求めるのである。事態が混乱するのはここにおいてである。ペドロ・コスタのカメラは決して、貧困の現場から、支配者たちがそれを生み出したり管理したりする現場にレンズを移動させるという、通常の行程をたどらない。住民を搾取したり追放したりする経済的な権力も、住民を抑圧したり移動させたりする行政的・警察的な権力も彼の映画作品には登場しないし、作中人物の口から状況を政治的に言い表す言葉や、叛乱の情感が示されることもいっさいない。かつてのフランチェスコ・ロージら幾人かの政治的な映画作家たちは、貧者を追放したり移動させたりする経済的・政治的機構を私たちに目撃させたものだった。逆に、ジャン＝マリ・ストローブが今もってそうであるように、自身のカメラを「世界の悲惨」から遠ざけようと心に決め、古代の偉大さや近代の革命を思わせる野外円形劇場のような場所の中で、歴史に立ち向かい、公正な世界という企図を誇り高く要求する人民の男女を私たちの目前にしかと描き出そうとする映画作家たちもいる。ペドロ・コスタには、まるでこうしたところがない。変貌する資本主義の風景の中にスラム街を組み入れることもなければ、集団的な偉大さにふさわしいシーンを打ち立てることもない。彼が証言しているのは別の時代のことなのだと言う人もいるだろう。カーボヴェルデからの移民、落ちぶれた下層の白人、若きアウトサイダーたちは、かつてのロージ、現在のストローブの地平である、搾取されながらも意気揚々としたプロレタリアートに似たところをもはや何ら形作っていない。彼らの生活様式はもはや、搾取された者というよりは打ち棄てられた者のそれである。彼らの世界には、社会的闘争の担い手たちと同様、警官さえ不在である。彼らを時おり訪れる中心地の住人は看護婦だけだ――といっても、彼女たちは苦しんでいる住民を手当てするためというよりは、ある内心の裂け目に導かれてそこに来て、途方に暮れることになるのである。フォンタイーニャスの住人は、ブレヒトの時代には烙印を押されていたやり方で、つまりある一つの運命として、自分たちの境遇を生きている。彼らがそれについて議論するとしても、せいぜい、自分たちがそうした境遇に陥ったのは天命なのか、おのれの選択や弱さのせいなのかを知るためにすぎない。

このようにペドロ・コスタの企図には、説明したり働きかけたりする配慮が不在であるかにみえるし、彼が選び取った芸術的な方針それ自体がドキュメンタリー芸術の伝統全体と対立していると思われる。貧困について語ることを選んだ者に対して、人はいつもそれは芸術の対象ではないと念を押す。ところが、『ヴァンダの部屋』の作者はあらゆる機会を捉えて、解体工事のさなかにあるスラム街という舞台背景を偉大なものにしようとしているようだ。プラスチック製のボトル、ナイフ、コップ、そしていくつかの物品が、不法占拠された集合住宅の一室にある白い木製テーブルの上に散らばっていて、そこに光が天板をかすめにやって来るだけで、美しい静物が生まれる機会となる。電気の通らぬこの住居に夜が訪れてみれば、同じテーブルの上に置かれた二本の短い蠟燭が、惨めな会話や麻薬注射のセッションに、黄金時代のオランダの明暗法《キアロスクーロ》の装いを与えることになるだろう。パワーショベルによる作業は、家の倒壊とともに、彫刻のようなコンクリートの残骸や、青、ピンク、黄、緑といった色がコントラストをなす大きな壁面を際立たせる機会となる。胸が裂けるほどの勢いでヴァンダが咳き込むあの部屋は、蚊や羽虫が飛び交っているのを見て取れる、水槽を思わせる緑がかった色彩によって私たちを魅了する。

　審美主義という非難に対しては、もちろん、ペドロ・コスタはそれらの場所をありのままに撮影したのだ、と答えることができる。貧者の家はたいてい富者の家よりも色とりどりで、そのけばけばしい色彩は、モダンアートの愛好家の目にとって、プチブル的な飾り付けの標準的な審美主義よりも心地よい。リルケの時代からすでに、腹を抉られた家は詩人たちに、空想的な舞台背景と同時に住まい方の地層学も提供していた。ペドロ・コスタはそれらの場所をありのままに撮影したのだ、と述べることは、ある一つの明確な芸術的手続きが存在するということも意味している。彼は『骨』を最後に、物語を語るために舞台背景を構成するというやり方を放棄した。彼は、貧困をフィクションの対象として搾取することを止め、それらの場所に身を落ち着けて、そこで住人たちの暮らしを見、彼らの言葉に耳を傾け、彼らの秘められた部分を摑むことにした。色彩や光線と戯れる名人芸のごときカメラは、住人たちの行為や言葉が繰り広げられていくべく、それらに十分な時間を与えるという仕組みと一体のものなのである。むろん、こうした返答が作者を審美主義の罪から免れさせるとしても、それと引き換えに別の不平の種が募ってくるばかりだ。ただ世界の悲惨を反映しているだけであるように思われる言葉を記録することを目標とする政治学とはいったいいかなるものなのか、と。

美術館のヴェントゥーラ

慎みを欠いた審美主義か、筋金入りの人民主義か——ヴァンダの部屋での会話やヴェントゥーラの苦難をこのジレンマに閉じ込めるのは容易である。だが、ペドロ・コスタの方法は、諸々の交換と照応と移動からなるはるかに複雑な詩学のただ中で、そうした枠組みを破裂させている。その詩学に接近するにあたって、『コロッサル・ユース』のあるエピソード、何枚かの「タブロー」のうちにペドロ・コスタの美学とその美学が孕む政治学を要約しえているかもしれないエピソードは、目を向けるに値する。私たちはまずヴェントゥーラが、仲間のレントと共有しているあばら家で恋文を諳んじている声を聞く。その一方でカメラの視線は長方形の明るい窓が穿たれた灰色の壁面に注がれ、窓の前の四本の瓶がもう一つの静物を構成している。友人の声にせき立てられ、ヴェントゥーラが暗誦する声はゆっくりと消えていく。次のショットで唐突に舞台背景が切り替わる。恋文を諳んじる際に舞台背景の役目を果たしていた静物に続くのは、よりいっそう薄暗い仕切り壁から採取されたもう一つの長方形、今度は水平で、正面から見られた長方形である。その金色の額縁は、おのれの発する光で周囲の暗闇を穿っているようにみえるが、縁の部分は暗闇に侵されている。そこには瓶の色とほとんど同じような色でアラベスク模様が描かれていて、その中に私たちは、天使の一団とともにエジプトに逃避する聖家族の姿を見分ける。足音が前兆となり、続くショットでは一人の人物が私たちの前に姿を見せる。壁に背をもたせかけたヴェントゥーラが、《エジプト逃避》と同じくルーベンスの手によるエレーヌ・フールマンの肖像画と、ヴァン・ダイクの《男の肖像》の間に立っている。この三作品はよく知られたもので、場所も特定できる。私たちはグルベンキアン財団の中にいるのだ。もちろん、これはヴェントゥーラの地区にある建物ではない。直前のショットにはこの訪問を予告するものは何もないし、映画全体を見てもヴェントゥーラが特に絵画を好んでいると示す要素は皆無である。したがって今回、演出家は自分の登場人物たちが歩む道筋から遠ざかったようだ。彼はヴェントゥーラを美術館に運び入れたのだ——足音の反響や、夜間照明から考えて、美術館には鑑賞者は一人もおらず、このシークェンスのために貸し切られたものと思われる。かくして、三枚の絵画《タブロー》と直前の「静物画」との関係、荒れ果てたあばら家と美術館の関係、おそらくはさらに恋文と絵画の陳列との関係は、ここできわめて特殊な詩学的転位を構成している。すなわち、映画のただ中にあって、この映画作家の芸術について、それが美術館の芸術と取り持つ関係について、両方の芸術が映画の作中人物の身体との間に抱く関係について、つまるところ、両者のそれぞれの政治学について語るような、ある一つの文彩［*figure*］を構成しているのだ。

この二つの政治学の間の関係は、ひとまず容易にくみ取れると思えるかもしれない。台詞のないショットで、同じく黒人の守衛がヴェントゥーラに近づき、そっと何かを耳打ちする。ヴェントゥーラが展示室から出て行く間に、守衛はポケットからハンカチを取り出し、彼の足跡を拭う。私たちは、ヴェントゥーラが闖入者であると理解する。守衛はそのことを後ほど本人に告げるだろう。この美術館は隠れ家であり、庶民的な地区の騒々しさや、自分が最近まで商品を万引きから守らなければならなかったスーパーマーケットの喧噪からはほど遠い。旧来の平穏な世界であり、自分たち二人がともに属する世界からたまたま誰かがやって来たときだけ乱されるのだ、と。ヴェントゥーラはそのことをすでに、抵抗せずに裏階段から連れ出されるときの態度によってのみならず、どうやら絵画よりもずっと上の方にある不可解な点に狙いを定めて観察する眼差しによっても認めていた。このエピソードの政治学とは、芸術の享楽はプロレタリアート向けのものではないし、美術館もそれを建てた労働者たちに向けたものではない、と私たちに思い起こさせることであるだろう。そのことは、財団の庭園におけるヴェントゥーラと美術館の使用人との会話で、なぜヴェントゥーラがこの場違いな場所にふさわしいのかが知らされるときに、はっきりと言い表されている。ここにはかつて、蛙が犇めく茂みと沼しかなかった。彼こそが他の労働者たちとともに、茂みを一掃し、地ならしをし、配管を通し、資材を運び、創設者と彼のペンギンの像を設置し、その足下に芝生の種を蒔いたのだ。彼が足場から転落したのも、ここでの出来事だった。

このエピソードはしたがって、七つの門のテーバイをはじめとする壮麗な建築物を建てたのは誰かと問うブレヒトの詩『『スヴェンボルの詩』の一篇で『暦物語』にも収められている「読書する労働者の疑問」を指す」の図解のようなものかもしれない。ヴェントゥーラがここで代表するのは、みずからの健康と生命を犠牲にしてまで、もっぱら他人がその威光と享楽を保有するような建築物を建てたあらゆる人々ということになるだろう。だが、そうした単純な教えをもってしては、美術館に人気《ひとけ》がなく、ヴェントゥーラたちの労働を享受する人々が不在ですらあることの説明が付かないだろう。美術館内で撮られたシークェンスが静まりかえっていること、守衛がヴェントゥーラを追い払うときに使う裏階段のコンクリートをカメラが長々ととらえること、美術館の静けさに引き続いて、小鳥のさえずりが興を添える長いパンが樹々を縫っていくこと、ヴェントゥーラが自分の来歴を順番に、ちょうどポルトガルに到着した一九七二年八月一九日を起点として語ること、そしてヴェントゥーラがかつてそこから転落した地点を指し示すのをもってこのシークェンスが唐突に終わってしまうこと——これらすべての理由が分からないだろう。ヴェントゥーラの人物像が自分の労働の成果を奪い取られた労働者という人物像を超えているのと同様に、ペドロ・コスタの芸術と美術館の芸術の関係は、審美的な享楽に奉仕するために労働が搾取されているという単なる論証を超えている。このシークェンスは、相互性と非-相互性がもつ関係のいっそう複雑な結び目の一環をなしているのである。

美術館とは、何よりもまず、労働者の貧窮と対比されるような、芸術的な豊かさの場ではない。《エジプト逃避》の彩色されたアラベスク模様は、二人の労働者が住むあばら家における窓と四本の瓶のフレーミングに対して、何ら明白な優位性を示していない。《エジプト逃避》が閉じ込められている金色の額縁は、あの住居の窓よりもけちくさい空間の切り抜き《デクパージュ》――つまりおのれを取り囲むものを無効にし、空間内の光の揺らめきや、壁面上の色彩のコントラストや、外から聞こえてくる物音を興味に欠けるものにするやり方――であるようにさえみえる。美術館とは、透過性もなければ相互性もないあの額縁の中に、芸術が閉じ込められる場である。しみったれた芸術の場である美術館がそれを建てた労働者を締め出すのは、何よりも、それが移動や交換を糧として生きるものを締め出しているからだ――つまり、光や、揺れ動く形態と色彩のことであり、とりもなおさずサンティアゴ島［カーボヴェルデ最大の島］からやって来た労働者たちのことでもある。ヴェントゥーラの眼差しが天井に向かうどこかに迷い込んでいくのも、おそらくそのためだろう。彼がすでに心の中で、自分が落下した足場を狙い定めていたと考えることもできよう。だが、別の天井の角に向けられる別の眼差しに思いを至らせることもできる。彼は虚構の家族のために部屋を求めて、いま一人のカーボヴェルデの同胞の案内で、新築の集合住宅を見学しに来ている。案内役の男もまたヴェントゥーラがこの場にふさわしくないと確信し、この殺菌された場における闖入者の痕跡をやはり消去したがっている。この地区は社会・文化的な設備が整っていると褒めそやす男の売り込み

『コロッサル・ユース』（ペドロ・コスタ、2006年）

文句に対して、ヴェントゥーラはただ、天井に向けて厳かに左腕を伸ばし、「蜘蛛だらけだ」という碑文のように簡潔な言葉を発して応じただけだった。市の職員も私たちも、天井に蜘蛛がいるのかどうか確かめることはできない。ひょっとしたら、いわゆる「天井に蜘蛛がいる」「フランス語で「頭がおかしい」という意味の熟語的表現」のはヴェントゥーラの方かもしれない。それに、この低家賃住宅の壁面に虫が這っているのが事実だとしても、それはスラム街の家々の壁——空想的な形象が浮かんでくるのを彼が見て楽しんでいる、「娘」ベーテの家の壁のような——を蝕んでいる染みに比べれば取るに足らないものだ。あるいは、プロレタリアートを受け入れる低家賃住宅の白壁の過ちは、プロレタリアートを退ける美術館の薄暗い壁の過ちと同じく、まさにそうした偶然的な形象——そこでは、海を渡り、街の中心から蛙を追い払い、足場から滑り落ちたプロレタリアートの想像力が芸術家の想像力に匹敵しえている——を抑圧することにあるのかもしれない。美術館の壁に掛けられている芸術は、単に美術館の建造者に対して恩知らずであるだけでなく、彼がくぐり抜けてきた体験がもつ可感的な豊かさと、悲惨きわまる住居の中で光が引き立たせる可感的な豊かさに対してしみったれてもいるのである。

共有の芸術

このことはすでに、自分は一九七二年八月二九日にカーボヴェルデを出発し、ポルトガルに着いて沼地を芸術財団に変えて、それから転落したと語るヴェントゥーラの話で言われていることだ。ヴェントゥーラをこの舞台背景の中に据えるとき、ペドロ・コスタは彼にストローブ風の口調、世界の発見者たちのことを語る叙事詩の口調を取らせてもいる。問題は、美術館をその建造者たちに対して開くことではなく、それら旅人たちの体験に比肩する芸術、彼らから生まれ出で、そのお返しとして彼ら自身も共有できる芸術をなすことである。まさにそのことを教えてくれるのが、ヴェントゥーラの話の唐突な終結に続くエピソードである。事故へのフラッシュバックとして構築されているこのエピソードで、頭に包帯を巻いたヴェントゥーラは、天井がただれた木造のあばら家に戻ると、打ちひしがれた様子で机の前に座り、カード遊びをしに来いとレントに高圧的に告げ、カードを次々に音を立てて下ろしながら、文盲のレントに覚えさせたがっている恋文の朗読を再開する。この手紙は何度か暗誦され、この映画の繰り返し句《リフレイン》の役目を果たしている。ある別離と、愛する者から遠く離れた建設現場での労働について語るその手紙は、二人の生活を二、三十年にわたって美しいものとするだろう次の出会いや、愛する者に十万本の煙草、ドレス、自動車、小さな溶岩の家、安物の花束を贈るという夢や、肌理の細かい絹のパジャマのごとく二人だけに合うよう仕立てられた新しい言葉、美しい言葉を毎日覚えようとする努力についても語っている。

この手紙はたった一人の人物のために書かれたのに、ヴェントゥーラには送る相手が誰もいない。だが、まさにこの手紙こそが、彼の芸術的パフォーマンスであり、彼がレントに共有させたがっているパフォーマンスなのだ。というのもこの手紙は、共有の芸術［un art du partage］の、つまり移動させられた人々の人生や体験、彼らが不在を埋め合わせたり愛する者に近づいたりする方法と切り離せない芸術のパフォーマンスであるからだ。もっとも、この手紙はヴェントゥーラのものでもなければ、この映画のものでもなく、『コロッサル・ユース』がその冴ないし裏面であるような「フィクション」映画の節目節目に、すでによりさりげなく登場していた――別の建設現場でヴェントゥーラと同様に頭の骨を砕いてしまった労働者レオンに付き添って、看護師［マリアナ］がカーボヴェルデに出かけるという物語を語る『溶岩の家』のことである。

手紙はまず、エディットの書類に紛れて登場していた。恋人がサラザール体制によってタラファルの強制収容所に送られたため、その近くにいようとしてサンティアゴ島に出発したこの本国からの亡命者は、恋人の死後も当地にとどまり、錯乱したままの状態で黒人共同体に迎え入れられ、自分が受け取る年金でその共同体の暮らしを支えつつ、共同体からはたびたびセレナードの演奏というかたちで感謝を受けている。したがって、恋文を書いたのは、有罪宣告された恋人の男であるように思われた。だが、病院でマリアナは、負傷したレオンの枕元で、その妹である少女ティナに手紙を読ませる。クレオール語で書かれているからだ。ティナがわが物とした手紙は、それ以降、どうやら死の収容所からではなく、レオンが働いていたポルトガルの建設現場から送られたものであるかにみえる。それなのに、ついに昏睡状態から抜け出したレオンに尋ねると、彼の返事は、読み書きができない自分にどうして恋文が書けたのか、という有無を言わせぬものだった。とすると、手紙はもはや特定の誰かが書いたものでも、特定の誰かに宛てたものでもなく、文盲の人たちの恋愛感情も行政への要望も等しく書き表すことができるあの代書人の一人の作品のように思えてくる。手紙に含まれる愛のメッセージは、エディットを死んだ闘士に、負傷した黒人労働者に、さらにはかつて収容所の料理人だった女性の料理や、レオンの父親や兄弟の音楽に結びつける、大いなる非人称的な取引のうちに紛れ込んでいく。レオンの親類たち——マリアナは彼らのパンと音楽も共有していた——は、レオンを病院に見舞いに行きたがらず、彼の家、彼が両脚で歩けるようになって初めて入ることになるはずの家の修繕をしながら、自分たち自身がポルトガルの建設現場に赴く準備をするのだった。

まさにこのような、こことよそ、収容所送りになった本国の闘士たちと故国を離れざるをえない労働者たち、教養人と文盲、賢者と愚者の大いなる循環からこの手紙は取り出され、ここでヴェントゥーラに託されている。だが、その運命を引き延ばすことで、手紙はおのれの来歴を知らしめ、ある別の循環が移民たちの旅程に接ぎ木されることになる。この手紙は、ペドロ・コスタが二つの出典、つまり移民労働者の手紙だけでなく、「正真正銘の」作家であるロベール・デスノスの手紙を混ぜ合わせて書いたものなのである。デスノスの手紙が六十年前に書かれたのは、別の収容所においてテレジンに連行されてそこで死を迎える途中、ザクセンのフレーハにおいてだった。このように、レオンの虚構の運命とヴェントゥーラの現実の運命は、労働者たちのありふれた国外での生活と死の収容所を結びつける回路の中に包含されている。のみならず、貧者の芸術――代書人たちの芸術――と偉大な詩人たちの芸術が、同じ生地のうちに縫い込まれている。つまり、人生が旅をして、自分の労働力を売り渡し、他人の家や美術館を建てることであるような人々、それにとどまらず人生が自分たちの体験や、音楽や、住んだり愛したりするやり方を他の場所に持ち込み、壁の表面にあるものを読解し、鳥たちや人間たちの歌を聴くことであるような人々に向けられた、人生と共有［partage］の芸術、旅とコミュニケーションの芸術という生地のうちに縫い込まれているのである。

したがって、ヴァンダの部屋で、あるいは麻薬中毒から抜け出し、太って、一家の母親となったヴァンダが再登場する新しい集合住宅で、貧者の住まいが提示しうるあらゆる形態の美に注意を向けたり、たいてい取るに足らず、繰り返しの多い言葉に耳を傾けたりすることは、審美化に向かう形式主義《フォルマリスム》の領域にあるものでもなければ、人民主義的な敬意に属するものでもなく、芸術の政治学の一環をなすものである。この政治学はもはや、世界がどのような状態なのかを見世物として見せ、支配の構造を示したり、支配に立ち向かうエネルギーを結集していた政治学とは異なる。この政治学の範例は、ヴェントゥーラ／デスノスの恋文や、レオンの親族の音楽によって与えられる

——これらの芸術においては、形式がある社会関係の構築と結びつき、誰もが持っている能力を利用している。重要なのは、芸術の諸形式を新しい世界の諸関係のうちに溶け込ませるというアヴァンギャルドの古き夢ではなく、芸術と、共有への能力ないし共有可能な能力が顕現するあらゆる形式との近しさを際立たせることである。ヴァンダの部屋におけるさまざまな色合いの緑の強調は、ヴァンダ、ジータ、ペドロ、ヌーノが自分たちの人生を吟味し、それによって人生を再び手中に収めんとする試みに付き従っている。不法占拠された住居の白い木製テーブルの上にあるプラスチック製のボトルといくつかの回収品で構成された光り輝く静物は、やがてパワーショベルの爪の餌食になるそのテーブルに付いた汚れを、文句を言い立てる仲間をよそに「赤毛《ルッソ》」がナイフで削り取るときの強情さと調和している。つまるところ、数々の不安定な生命の暮らしぶりや舞台背景から、可感的な豊かさ、言葉と視覚の力を伴って採取されたものを、彼らに返却し、彼らが自由に使えるようにしなければならないのだ——彼らが享受することのできる音楽や、自分たちの愛情のためにその表現を借りることのできる恋文のように。

二〇世紀の大衆芸術である映画に期待しうるのは、まさにそのことではないか——映画は、大多数の人々、美術館の敷居をまたぐことのない人々が、ありふれた舞台背景への光の効果の壮麗さや、何の変哲もないビストロのカウンターでグラスが音を立てたり陳腐な会話が交わされるときに湧き出る詩情を享受できるようにしたのである。ペドロ・コスタは、自分をブレッソン、ドライヤー、タルコフスキーといった偉大な「形式主義者」の系譜に位置づける人々に対して、まったく異なる系譜を持ち出す。フォード、ウォルシュ、ターナー、あるいは他のより慎ましく名の知れぬ、低予算のB級映画の作家たち、つまりハリウッドの製作会社の利益のためにうまくフォーマット化された物語の作り手でありながら、人間、風景、動物、物体の間にいっさい視覚的価値の序列を付けることなく、街場の映画館の観客に、山や馬や揺り椅子の平等な壮麗さを享受させていた作家たちの系譜である。(1)持てる者たちの利益の方を向いた生産システムのただ中にあって、映画はこうして平等の芸術としての姿を現していた。問題は、人も知るように、資本主義そのものがもはやかつてとは違うものになっていることだ。ハリウッドは相変わらず繁栄しているとしても、街場の映画館はもはや存在せず、それに取って代わったシネコンが、社会学的に規定されるそれぞれの観客に向けて、個別にフォーマット化された芸術の類型を与えている。そして、そのようなフォーマット化を逃れるあらゆる作品と同様、ペドロ・コスタの映画作品は、映画祭向けの映画であるというレッテルをただちに貼られ、選り抜きのシネフィルの排他的な享楽に割り当てられ、往々にして美術館と美術愛好家の空間へと押しやられていくことになる。この点について、ペドロ・コスタはもちろん、世界の状況、つまり金銭の力による剝き出しの支配を非難している。最も貧しい生活に見出せる感覚的体験の豊かさを万人にもたらしたいと望む人々は、そうした支配によって、「シネフィル向けの映画」の作家という仕切りに片付けられてしまう。このシステムにかかると、カーボヴェルデのヴァイオリン奏者の音楽や、詩人と文盲いずれのものでもある手紙のように共有可能な映画《シネマ》を欲する者は、陰気な修道士に変えられてしまうのである。

共有不可能な裂け目

しかし、この説明が十分なものであるかどうかは疑わしい。たしかに、金銭による支配が今日構築しつつある世界では、可感的な風景の編成それ自体からも平等が消え失せる運命にある。そこではどんな豊かさも、個別の持てる者や享受者たちというカテゴリーに割り当てられたものとして、切り離されて出現せねばならず、貧しき人々に対してシステムが送り届けるのは、その豊かさの、その世界の釣り銭、彼らのためにフォーマット化され、彼ら自身の体験のもつ感覚的な豊かさから切り離された釣り銭なのである。だが、こうした手札の配分だけが、相互性を断ち切り、映画をそれが描く世界から切り離す理由ではない。貧者たちの体験とは、移動や交換や借金や窃盗や返済の体験ばかりではなく、交換の公正さや体験の循環を遮るような裂け目の体験でもある。そうした裂け目とは、『溶岩の家』では病床にいるレオンの無言症であり――それが外傷性の昏睡によって発露したものなのか、共通世界をもう取り戻したくないという欲望なのか、もはや分からない――、エディットが「狂気」に陥り、ポルトガル語を「忘却」し、飲酒とクレオール語の中に閉じこもっていることでもあった。サラザール政権の収容所における闘士の死と、ポルトガルの建設現場で移民が負った傷は、身体や心遣いや言葉や音楽の循環のまっただ中で、交換不可能なもの、取り返しのつかないものの次元を打ち立てていた。『骨』ではティナが無言を通し、道連れにして死のうというのでなければ、腕に抱えた赤子をどうしたらいいのか分からなくなっていた。『コロッサル・ユース』は、言葉と体験を交換する際の二つの論理、二つの体制にいわば引き裂かれている。一方でカメラは、ヴァンダの新しい部屋、量販店で売っているようなデザインの夫婦用ベッドでふさがれた、殺菌された白い部屋に据えられる。穏やかになり、ふっくらしたヴァンダがそこで自分の新しい生活や、麻薬中毒の治療や、子供や、よくできた夫や、健康上の不安について語る。カメラが他方で後を追うヴェントゥーラは、しばしば無言で、時には高圧的な命令や碑文のように簡潔な文章を発し、またある時には自分の語る話や、手紙の暗誦に耽っている。カメラはヴェントゥーラを奇妙な動物として描き出す。彼はあまりに大きすぎるか獰猛すぎて舞台背景に収まらず、時に野獣の輝きを放つ眼差しで一点を見つめ、頭はたいてい地面へと傾げられるか、中空に向けられている――失踪者の、病者の眼差しである。ヴェントゥーラに関しては、ある一つの困難な人生の証言を手に入れること――それをどのように共有させるのかが問われるにしても――が問題なのではなく、共有不可能なもの、ある個人をその人自身から分け隔てた裂け目に立ち向かうことが問題なのだ。ヴェントゥーラは、みずからの尊厳と、自分がその建設に貢献した世界の享受が返却されるべきであるような「移民労働者」、貧しき人ではない。彼は一種の崇高なる漂泊者、悲劇の作中人物として、みずからコミュニケーションと交換を遮るのである。

スラム街の染みだらけの壁、色鮮やかな舞台背景、けばけばしい色彩から、新しい建物の白壁、もはや言葉に谺を返すことのない壁へと移行するにつれて、ある乖離が二つの表現の体制の間に生じたように思われる。たとえヴァンダがヴェントゥーラの「娘たち」の一人を進んで演じるとしても、たとえ彼が彼女のテーブルにつき、彼女の部屋で会話を交わし、時にはそこで子守をするとしても、ヴェントゥーラの裂け目は、その打ちひしがれた大きな身体の影を、取り戻されたヴァンダの人生の年代記に投げかけ、彼女の語る話を虚しいものとする。この乖離は、二世紀以上前に『新エロイーズ』の序文で要約されている、古くからの論争の表現で言い表すことができる〔ルソーのこの書簡体小説には、作者とその反対者らしき二人の人物の対話形式による「第二の序文」がある〕。反対者は作者に次のように尋ねる。この親密な手紙の数々は本物なのか作り物なのか。手紙が本物ならば、それは肖像画だ。肖像画に対して人が求めるのはモデルに忠実であることだけだが、肖像画は家族以外のほとんど誰の興味も惹かず、逆に「想像上の絵画《タブロー》」は大衆の興味を惹くが、そのためにはそれがもはや特定の個人ではなく、人間という存在に似ている必要がある、と。ペドロ・コスタは事態を別様に言い表す。もはや「映画を作る」ためではなく、他者の秘密に近づくための訓練として、言葉や身振りや足取りを機械仕掛けで毎日撮影しにやって来る忍耐強いカメラを経ることで、スクリーン上には第三の人物像、もはや作者でもなければヴァンダやヴェントゥーラでもない人物像、私たちの人生に無縁であって無縁ではない作中人物が生まれてくるはずだ、と。(2) だが、こうして不意に登場した非人称的なものは、今度は選言のうちにとらわれる。つまり、この「第三の作中人物」にとって、ヴァンダの肖像として社会的な識別を伴う家族の領域に閉じ込められるか、あるいはヴェントゥーラのタブロー、裂け目と謎のタブローとして、家族の肖像や家族の年代記を無益なものとするか、という選択から逃れるのは困難なのである。『コロッサル・ユース』のある謎めいたシークェンスは、この緊張を極限にまでもたらしている。そこでは典型的な移民で、恋文を覚えられなかった文盲のレントが、唐突に悲劇の中に運び込まれて、妻と子供たちが命を落とした集合住宅の焼け跡のただ中にいるのである。彼に妻子がいることは初耳だし、先行するショットでは、ヴェントゥーラのあばら家をこっそりと送電網に繋げようとしてよじ登っていた電信柱の足下で、彼自身が息絶えるのを見せられていた。私たちがいま見聞きしているレントは、私たちのもとに戻ってきた死者の国の住人である。彼はもはや、日々の活動をしているところを追い回されるドキュメンタリーの登場人物でもなければ、フィクションの作中人物でもなく、人間を異なる種別に分断するそうした対立を無効にすることそれ自体から生まれる、純粋な人物像なのである。彼の不透明な身体は、彼の人生、ヴェントゥーラの人生、そして彼らの状況を共有するあらゆる人々の人生がありのままの姿で、つまり生ける死者の人生として登場する表面となった。彼はそうした資格においてこそ、撮影期間中に実際にあのような悲劇に襲われた、近隣一家の父親の役を演じることができるのだ。レントはいまや、どうしても暗記できなかった手紙を諳んじることのできる悲劇の作中人物である。ヴェントゥーラとレントは互いを見ることなく私たちに向き合って悲劇的な詩篇を朗唱するような口調で喋り、二人が差し伸べあう手は、生者を死者と結びつける誓いであると同時に、観客に挨拶する俳優の身振りなのである。

このように、馴染みのあるものとして認識されつつあった顔に亀裂が入る瞬間、作り事がそれとして露わになり、容易に認識されることも折り合わせられることもない、ある現実の証言をもたらす瞬間がある。タラファルの地元民の一人は、すでにそのことを献身的な看護師のマリアナに告げていた。あなたの頭は砕けていないか、と。裂け目は体験を共有可能なものと共有不可能なものに分割する。第三の作中人物が登場するはずのスクリーンは、その二つの体験、つまり陳腐になる危険を冒して諸々の人生を語ることと、無限の回避に陥る危険を冒して裂け目に立ち向かうことの間にぴんと張られている。映画は、恋文や、貧者の音楽と同等のものにはなりえないし、貧しき人々に彼らの世界の可感的な豊かさを返却するだけの芸術にももはやなりえない。映画は、経済の循環や社会の軌道の周縁に追いやられてしまった人々の経験が、新たな人物像のうちにみずからを暗号化しようと試みるような、もっぱらそうした表面であることを承諾しなければならない。その表面は、肖像とタブロー、年代記と悲劇、相互性と裂け目との分裂を迎え入れるものでなければならない。ある一つの芸術が、別の芸術の代わりに作り出されるべきなのだ。ペドロ・コスタの偉大さは、そうした変質を受け入れると同時に拒んでいること、可能なものの映画と不可能なものの映画を同じ一つの動きのなかで作っていることにある。

原註

（1）Pedro Costa et Rui Chaves, *Fora ! Out !*, Museu Serralves, 2007, p. 119.（ペドロ・コスタの発言）

（2）*Ibid.*, p. 115.（同前）

初出一覧

序言の初期のヴァージョンは、二〇〇四年一月にレッジョ・ディ・カラブリアのチルコロ・チャップリンによって授与されたマウリツィオ・グランデ賞の受賞に際して、ブルーノ・ベサーナのイタリア語訳で発表された。フランス語版は「映画の隔たり」というタイトルで、『トラフィック』誌の第五〇号（二〇〇四年夏）に掲載された。

「映画的なめまい」はまず、ステファノ・ボナガの招待により、二〇〇七年九月のヴェネツィア映画祭の折りに催されたリド・フィロの枠内で発表され、ポール・ボウマンとリチャード・スタンプの招待により、二〇〇八年五月にローハンプトン大学でのシンポジウム「ジャック・ランシエール」で英語版を発表する際に手直しされた。

「『少女ムシェット』とイメージの言語の逆説」の最初のヴァージョンは、「文学の後で」というタイトルで、ジャック・オーモンの編纂による論集『第七芸術』（レオ・シェール、二〇〇三年）に掲載された。このテクストは、ロベルト・デ・ガエターノの紹介で二〇一〇年二月にカラブリア大学で行われたセミナーの機会に手直しされた。

「芸術のための芸術」の初期のヴァージョンは、『トラフィック』誌の第五三号（二〇〇五年春）に掲載された。

「哲学者の身体」は、アラン・ベルガラの指揮の下で二〇〇一年六月にルーヴル美術館で催されたシンポジウム「全面的な教育——ロッセリーニのテレビ」で発表されたものである。

「火を囲んだ会話」は、マリアンヌ・アルファンとロジェ・ロトマンの招待で、二〇一〇年六月にポンピドゥー・センターで発表された。

「ペドロ・コスタの政治学」は、ポルトガル語訳で、『十万本の煙草——ペドロ・コスタの映画作品』（リスボン、オルフェウ・ネグロ、二〇〇九年）に掲載された。

すべてのテクストに関して、それなりに大きな手直しを施した。

訳者あとがき

本書は、Jacques Rancière, *Les Écarts du cinéma*, La Fabrique éditions, 2011 の全訳である。

政治と美学の両分野にまたがって旺盛な執筆活動を続けてきたフランスの哲学者ジャック・ランシエール（一九四〇―）が、その美学方面の仕事において文学とならんで映画にも強い興味を示し、二〇〇一年に映画論を集成した『映画的寓話』（*La Fable cinématographique*, Seuil, 2001〔中村真人・堀潤之監訳でインスクリプトより近刊〕）を上梓していることは、映画をめぐるフランスの知的言説に関心を寄せる読者にはよく知られた事実であろう。本書『映画の隔たり』はその続篇とも言いうる著作で、『映画的寓話』の基本的な枠組みを踏まえつつ、主に二〇〇〇年代に書き継がれた六篇の映画論を元に編まれたものである。

『映画的寓話』では、サイレント期のセルゲイ・エイゼンシュテインやフリードリヒ・W・ムルナウから、古典的ハリウッド映画の精髄をなすフリッツ・ラング、アンソニー・マン、ニコラス・レイを経て、いわゆる「現代映画」の系譜に属するロベルト・ロッセリーニ、クリス・マルケル、ジャン＝リュック・ゴダールに至る映画作家を取り上げて、彼らの映画作品において作動している美学的体制の込み入った論理を鮮やかに読み解いていた。同書がおおむね時系列順に展開していたのに対して、本書はテーマ別の三部構成を取る。それぞれの部で取り上げられるのは、大雑把に言えば、映画と文学、映画と娯楽／思考、映画と政治の関係性である。ここでひとまず、各章の内容をごく簡単に振り返っておこう。

第一部「文学の後で」でランシエールは、アルフレッド・ヒッチコックの古典的映画の傑作『めまい』（一九五八）とモダニズム的な映画術に基づくロベール・ブレッソンの『少女ムシェット』（一九六七）という、対極的でありながらいずれも原作小説に基づく作品を主な対象に、文学と映画のダイナミックな絡み合いを緻密に読み解いている。まず「映画的なめまい――ヒッチコックからヴェルトフへ、そしてまたヒッチコックへ」の章では、ボワローとナルスジャックの原作小説『死者の間から』（邦訳は『めまい』太田浩一訳、パロル舎、二〇〇〇年）に、幻影こそが人生の真理であるとする、イプセンの時代の文学に通じる「ニヒリズム」を見出したうえで、それがもたらす「眩惑のシナリオ」をヒッチコックがどのように退けているのかを浮き彫りにし、さらに、その両者の「隔たり」をジガ・ヴェルトフの『カメラを持った男』（一九二九）にみられる「映画的一体主義」と、究極的にはそれを引き継ぐところがあるゴダールの『映画史』（一九八八―九八）を媒介に掘り下げている。続く「『少女ムシェット』とイメージの言語の逆説」の章では、ジョルジュ・ベルナノスの原作にみられる「映画主義」に、ブレッソンの映画がいかに逆らっているのか――彼の映画における過剰なまでの「断片化」は、逆説的にも、ベルナノスがその一翼を担う新たな文学が打ち砕いたはずの語りの連鎖の機能的な論理を強化する方向に作用するのだ――、そしてムシェットの身体がなすパフォーマンスがいかにもう一つの映画的筋立てを形作っているのかを暴き出している。以上の二篇はいずれも、ランシエールの映画論の道具立ての多くが登場する密度の濃い論考であり、ヒッチコックとヴェルトフをつなぐ大胆な発想や、凡百のブレッソン論がとかく縋りがちな『シネマトグラフ覚書』に逆らって作品を読解する手つきにはとりわけこの哲学者の面目躍如たるところがある。

第二部「芸術の境界」の対象となるのは、古典期のハリウッドにおけるミュージカルとメロドラマの達人ヴィンセント・ミネリと、映画を離れてテレビという新しい媒体での啓蒙活動に腐心した時期のロッセリーニである。『バンド・ワゴン』（一九五三）をはじめとするミネリの珠玉の作品群を多数取り上げる「芸術のための芸術――ミネリの詩学」の章は、「純粋なパフォーマンス」を現出させるという夢に向かうミュージカル（たとえば一九四八年の『踊る海賊』）にどのようにフィクション的要素が混ぜ込まれ、逆に、社会的立場に関する葛藤がもたらす感情に基づくメロドラマ（とりわけ一九五五年の『蜘蛛の巣』）にどのようにさまざまな意味での「パフォーマンス」的要素が導入されているのかを詳しくたどっている。ミネリにおいて「芸術のための芸術」は、映画ならではの混成的なやり方で追究されているのである。ロッセリーニの『ソクラテス』（一九七一）、『ブレーズ・パスカル』（一九七二）、『デカルト』（一九七四）の三作品を扱う「哲学者の身体――ロッセリーニの哲学的映画群」の章では、哲学者たちの思考をどのように身体のイメージを通じて表象すればよいのかという問いをめぐって、思考の粗雑な絵解きに終わっている『ソクラテス』のやり方が退けられるとともに、時代の培養土のなかに哲学者の身体を据える『デカルト』と『パスカル』が好意的に受け止められ、さらには「哲学の受肉」をめぐる諸問題が、パスカルの思想や、他のロッセリーニ作品との比較を交えながら吟味されている。ミネリとロッセリーニそれぞれの作品群の印象的な細部の数々を軽やかに召喚しながら進んでいくこの二篇は、ランシエールの映画論のなかでもシネフィル的な快楽が特に前景化したものと言えるかもしれない。

第三部「映画作品の政治学」の主役となるのは、ジャン゠マリ・ストローブとダニエル・ユイレ、そして彼らのラディカルな映画作りを受け継いだところのあるペドロ・コスタである。「火を囲んだ会話――ストローブと何人かの映画作家たち」の章では、ストローブとユイレの『雲から抵抗へ』（一九七九）のうち、チェーザレ・パヴェーゼの『レウコとの対話』（一九四七）に基づく第一部より最終話「かがり火」が俎上に載せられ、羊飼いの父子の間で「正義のアポリア」をめぐってなされる弁証法的な対話に、どのようなポスト・ブレヒト的な政治性が見て取れるのかが仔細に分析される。そのうえで、ストローブとユイレの「共産主義的カンタータの政治学」を「定点」として、一方ではゴダールの『愛の世紀』（二〇〇一）や『アワーミュージック』（二〇〇四）におけるモンタージュによる諸要素の並置の方法が批判的に言及され、他方ではタル・ベーラの『サタンタンゴ』（一九九四）における少女の抵抗の形象や、タリク・テギアが『インランド』（二〇〇八）の主人公の測量士を軸として作り出す「空間の戯れ」が、「表面の叡智」という観点から評価される。最終章「ペドロ・コスタの政治学」では、『コロッサル・ユース』（二〇〇六）を中心に、コスタの映画における美学と政治学がじっくりと掘り下げられる。単なる「審美主義」に陥ることもなければ「人民主義」にも収まらない複雑な詩学の作動ぶりを、同作で繰り返し読まれ、すでに『溶岩の家』（一九九五）にも登場していた「手紙」を「共有の芸術」と捉えることで浮き彫りにしつつ、不可解で共有不可能な「裂け目」の存在に着目することも忘れない本章の議論は、コスタの映画の真髄に迫っていて間然するところがない。

なお、ペドロ・コスタはランシエールが最も重点的に論じている映画作家の一人である。ランシエールがこれまでに執筆した五篇のコスタ論を発表順に振り返っておくと、まず『映画作家ストローブ＝ユイレ／あなたの微笑みはどこに隠れたの？』（二〇〇一）を論じた「映画作家の部屋」（土田環訳、『ペドロ・コスタ監督特集2004 in Tokyo カタログ』、アテネ・フランセ文化センター、二〇〇四年、七－一一頁）があり、それに『コロッサル・ユース』の作品論「ヴェントゥーラの手紙」（土田環訳、『コロッサル・ユース』劇場用パンフレット、シネマトリックス、二〇〇八年、七〇－七九頁）と本書収録の論考が続き、さらに『ホース・マネー』（二〇一四）、および『ヴィタリナ』（二〇一九）について公開時に書かれた作品論がある（それぞれ『トラフィック』誌の第九五号、一一五号に掲載、未邦訳）。これら五篇の文章に加えて、『溶岩の家』から『ヴィタリナ』までの主要作品ごとに要となるシーンを選んで映画批評家のシリル・ネラと交わした長大な対話と、ランシエールとコスタとの三つの対談を収録した

『ペドロ・コスタ――映画作家の部屋』という書物が刊行されていることも言い添えておこう（Jacques Rancière, *Pedro Costa : Les chambres du cinéaste*, avec la participation de Cyril Neyrat, Les Éditions de l'Œil, 2022）。また、二〇〇八年の著書『解放された観客』（梶田裕訳、法政大学出版局、二〇一三年）にも、コスタの映画、とりわけ『コロッサル・ユース』を論じた箇所があり（一〇〇―一〇五頁）、本書所収の論考で敷衍されることになるいくつかの論点がすでにほとんど同じ言い回しで書き付けられている。

以上、本書を構成する六篇の論考の概要を振り返ってきたが、ここでランシエールの映画論の根底に横たわっている発想を確認しておきたい。映画論を含む彼の芸術論全般の大きな前提となっているのは、一九世紀初頭のドイツ・ロマン主義の詩学を分水嶺として、諸々の芸術的な事象を根源的に規定している「体制」が大がかりに移行したという見立てである。この「表象的体制」から「美学的体制」への変遷については、『感性的なもののパルタージュ』（梶田裕訳、法政大学出版局、二〇〇九年）や『美学的無意識』（堀潤之訳、『みすず』二〇〇四年五月号、一四―四五頁）といった小著で明晰に定式化されているので、ここでは要点だけを簡潔にまとめておこう。古典主義時代にその最も完成された姿をみせる芸術の「表象的体制」においては、アリストテレス的な諸行為の因果的連鎖、諸ジャンルや主題の厳格なヒエラルキーの遵守、ロゴスとパトスの調和、イメージの言葉への従属といった諸原則の総体によって芸術作品のあり方が定められていた。それに対して、芸術の「美学的体制」のもとでは、諸ジャンルや主題のヒエラルキーや、イメージに対する言葉の優位が廃棄され、意識と無意識、能動と受動、ロゴスとパトスといった相反するものの同一性という事態がみられるようになる。もはや芸術の適切な主題も、それにふさわしい厳密な形式の規則も存在しなくなり、あらゆる主題が平等に描き出されうるようになったというのである（なお、こうした諸体制の区分とその射程については、鈴木亘『声なきものの声を聴く――ランシエールと解放する美学』、堀之内出版、二〇二四年の第一章も参考になる）。

こうした芸術史の見取り図に照らしたとき、映画に特有なのは、そこで芸術の「表象的体制」と「美学的体制」の二つの論理の絡み合いがつねに作動していることである。『映画的寓話』の序論で詳述されているように、映画はとりわけ一九二〇年代のジャン・エプシュタインらの言説が称揚したように、アリストテレス的な諸行為の因果的連鎖に基づく「表象的体制」の軛を脱して「イメージの純粋言語」を可能ならしめるという点で、まぎれもなく「美学的革命」以降の芸術の体制に属している一方で、物語や諸ジャンルの区別といった表象的論理に強く規定されてもいるという二重性を帯びているのである。こうした二つの論理の絡み合いは、「映画における作話とは、妨げられた作話〔une fable contrariée〕である」というテーゼのかたちでも言い表されていた。すなわち、映画における作話《ファーブル》――ここで言う「作話」とは、アリストテレスが『詩学』第六章で「出来事の組み立て」と定義した「ミュートス（筋、物語）」のフランス語訳として用いられる語句を踏襲したものであり、便宜的に「映画的寓話」と訳したタイトルも本来はその意味で用いられている――は、単に芸術の表象的体制に則っただけのものではありえず、そこではつねに美学的な契機による「妨げ」が出来しているというのである（ランシエールの映画論の根本的な発想について、詳しくは拙論「ジャック・

ランシエール――芸術の美学的体制と映画」〔堀潤之・木原圭翔編『映画論の冒険者たち』、東京大学出版会、二〇二一年所収〕を参照されたい）。

本書のキーワードである「隔たり」は、以上のような、映画に特有の二つの芸術的体制の絡み合いをより広範囲にわたって探究するべく新たに導入された術語であると言ってよいだろう。「序言」で率直に述懐されているように、ランシエール個人の映画体験は、映画と芸術、映画と政治、映画と理論をめぐる複数の「隔たり」が交錯する場の体験にほかならなかったのであり、そうした遍歴を経た彼にとっての映画とは、統一的な「映画の理論」には還元しえない多数性を伴った、さまざまな道筋が縦横無尽に行き交う「隔たりの体系」なのである。三部構成の本書で展開されるのも、まさしく、映画と文学、映画と娯楽／思考、映画と政治の「隔たり」に目を凝らし、いくつかの突出した映画作品を拠り所としながら、それらの「隔たり」をめぐって作動している込み入った論理を剔出していく緻密にして壮大な旅の数々であると言えるだろう。

ただし、すぐさま付け加えておくべきなのは、ランシエールの個々の映画論がこうした思考の枠組みに還元できるわけではないということだ。彼の映画論の特徴はむしろ、取り上げる作品の細部にまでぴったりと寄り添って透徹した読解を行い、テクストそれ自体の孕む論理を丹念に解きほぐしていくところにある。その点で興味深いのは、ドゥルーズの映画論に対するランシエールの評価である。ランシエールはあるインタヴューで、ドゥルーズは映画を論じているというよりはあくまで「運動イメージの理論」と「時間イメージの理論」を、つまり「映画を経由した形而上学」を打ち立てていると指摘し、次のように語っている。「ドゥルーズは明らかに、自分が見ていない映画についてしばしば語っています。註で記事を引いている批評家たちが伝えるいくつかのシーンや側面を取り上げているだけなのです。それは彼のパースペクティヴでは恥ずべきことではありませんが、私に関して言えば、見ていない映画について書くことなどできません」（« L'affect indécis » (2005), *Et tant pis pour les gens fatigués : Entretiens*, Éditions Amsterdam, 2009, p. 445）。ランシエールの映画論が、映画作家たちをめぐるステレオタイプ的な捉え方を再考に付すような批判的契機に満ちているとすれば、それは、テクストに理論的な枠組みや図式を安易に押し付けるのではなく、あくまでテクストの襞に分け入ってその論理を解き明かすという愚直なまでの作業を徹底しているからなのである。

＊

本書の訳出のきっかけは、雑誌『ユリイカ』が二〇二〇年一〇月号でペドロ・コスタ特集を組んだとき、本書所収のコスタ論を訳載する提案をしたことにある。諸般の事情で結局、当該号への掲載は見送ったのだが、丹精込めて仕上げた訳稿をお蔵入りにしないためにも、いっそ全体を訳してしまおうという話になったのである。それから四年もの歳月が経ってしまったことには啞然とするしかないが、先にも触れた『美学的無意識』、および『イメージの運命』（堀潤之訳、平凡社、二〇一〇年）に続いて、三冊目のランシエール紹介に漕ぎ着けたことにひとまず安堵している。

『美学的無意識』を訳出した二〇〇四年には、まだ単行本レベルでのランシエール紹介はなされていなかったが、その後、政治哲学の領域における主著『不和あるいは了解なき了解——政治の哲学は可能か』（松葉祥一・大森秀臣・藤江成夫訳、インスクリプト、二〇〇五年）を皮切りに多数の著作が紹介されるようになった。本書と関連が深い文学論の領域に限っても、ここ十年ほどで、『マラルメ——セイレーンの政治学』（坂巻康司・森本淳生訳、水声社、二〇一四年）、『言葉の肉——エクリチュールの政治』（芳川泰久監訳、堀千晶・西脇雅彦・福山智訳、せりか書房、二〇一三年）、『文学の政治』（森本淳生訳、水声社、二〇二三年）、『詩の畝——フィリップ・ベックを読みながら』（髙山花子訳、法政大学出版局、二〇二四年）といった著作が次々に翻訳されている。こうした流れに棹さして、ここに一冊の映画論を差し出せることを嬉しく思う。

「ペドロ・コスタの政治学」の翻訳を四年前に手掛けた際には、中村大吾氏（éditions azert）に訳稿を綿密に点検していただき、数々の有益な助言を頂戴した。記して感謝したい。また、本書には英訳（*The Intervals of Cinema*, trans. John Howe, Verso, 2014）もあり、翻訳の過程で適宜参照した。末筆ながら、『ユリイカ』編集長という激務をこなしながら、本書刊行の道筋を整えていただき、編集作業を一手に引き受けて迅速に進めてくださった青土社の明石陽介氏に厚く感謝申し上げる。

二〇二四年九月

堀　潤之

映画作品名索引

あ行

愛の世紀 Éloge de l'amour（ジャン＝リュック・ゴダール, 2001） 158–160
悪人と美女 The Bad and the Beautiful（ヴィンセント・ミネリ, 1952） 116
アタラント号 L'Atalante（ジャン・ヴィゴ, 1934） 159
アワーミュージック Notre musique（ジャン＝リュック・ゴダール, 2004） 160–162
イタリア旅行 Viaggio in Italia（ロベルト・ロッセリーニ, 1954） 126–127, 137
田舎司祭の日記 Journal d'un curé de campagne（ロベール・ブレッソン, 1951） 65–66, 80–81
インランド Inland（タリク・テギア, 2008） 170–173
ヴァンダの部屋 No Quarto da Vanda（ペドロ・コスタ, 2000） 167–168, 179–180, 190–191
ウィンチェスター銃'73 Winchester '73（アンソニー・マン, 1950） 10
裏窓 Rear Window（アルフレッド・ヒッチコック, 1954） 34, 52
映画史 Histoire(s) du cinéma（ジャン＝リュック・ゴダール, 1988–98） 52–56, 160–161
踊る海賊 The Pirate（ヴィンセント・ミネリ, 1948） 100, 101, 103–109
追われる男 Run for Cover（ニコラス・レイ, 1955） 8

か行

帰らざる河 River of No Return（オットー・プレミンジャー, 1954） 117, 149
神の道化師、フランチェスコ Francesco, giullare di Dio（ロベルト・ロッセリーニ, 1950） 137
奇蹟 Il miracolo（『アモーレ』の第二話, ロベルト・ロッセリーニ, 1948） 126, 137–138
カメラを持った男 Chelovek s kino-apparatom（ジガ・ヴェルトフ, 1929） 44–48, 51, 55
雲から抵抗へ Dalla nube alla resistenza（ジャン＝マリ・ストローブ／ダニエル・ユイレ, 1979） 146–158, 162–163, 174
蜘蛛の巣 The Cobweb（ヴィンセント・ミネリ, 1955） 110, 112–117

ゲームの規則 La Règle du jeu（ジャン・ルノワール, 1939） 76
恋の手ほどき Gigi（ヴィンセント・ミネリ, 1958） 107–109
コロッサル・ユース Juventude em Marcha（ペドロ・コスタ, 2006） 168–169, 181–191, 194–196

さ行

最後の抵抗 Dernier maquis（ラバ・アメール＝ザイメッシュ, 2008） 173–174
サタンタンゴ Sátántangó（タル・ベーラ, 1994） 163–165
山椒大夫（溝口健二, 1954） 25–26, 166–167
死の谷 Colorado Territory（ラオール・ウォルシュ, 1949） 10
十一年目 Odinnadcatyj（ジガ・ヴェルトフ, 1928） 161
少女ムシェット Mouchette（ロベール・ブレッソン, 1967） 22, 62–65, 69–94, 164
条理ある疑いの彼方に Beyond a Reasonable Doubt（フリッツ・ラング, 1956） 54
白い恐怖 Spellbound（アルフレッド・ヒッチコック, 1945） 36
新・平家物語（溝口健二, 1955） 12, 25
世界の六分の一 Shestaja chast' mira（ジガ・ヴェルトフ, 1926） 161
1900年 Novecento（ベルナルド・ベルトルッチ, 1976） 147
全線 Staroye i novoye（セルゲイ・エイゼンシュテイン, 1929） 11, 17–18, 45
ソクラテス Socrate（ロベルト・ロッセリーニ, 1971, 日本未公開） 126–128

た行

ダイヤルMを廻せ！ Dial M for Murder（アルフレッド・ヒッチコック, 1954） 54
底流 Undercurrent（ヴィンセント・ミネリ, 1946） 110
デカルト Cartesius（ロベルト・ロッセリーニ, 1974, 日本未公開） 120–124, 128–131, 136–139

な行

肉体の遺産 Home from the Hill（ヴィンセント・ミネリ, 1960） 110

は行

走り来る人々 Some Came Running（ヴィンセント・ミネリ, 1958） 110–112
裸の拍車 The Naked Spur（アンソニー・マン, 1953） 149

果てなき路 Road to Nowhere（モンテ・ヘルマン, 2010） 56–57
バラの肌着 Designing Woman（ヴィンセント・ミネリ, 1957） 110
巴里のアメリカ人 An American in Paris（ヴィンセント・ミネリ, 1951） 104
バンド・ワゴン The Band Wagon（ヴィンセント・ミネリ, 1953） 99–102
ヒッポのアウグスティヌス Agostino d'Ippona（ロベルト・ロッセリーニ, 1972, 日本未公開） 140
ブリガドーン Brigadoon（ヴィンセント・ミネリ, 1954） 103
ブルー・ガーディニア The Blue Gardenia（フリッツ・ラング, 1953） 54
ブレーズ・パスカル Blaise Pascal（ロベルト・ロッセリーニ, 1972, 日本未公開） 128–139
放蕩息子の帰還／辱められた人々 Il ritorno del figlio prodigo / Umiliati（ジャン＝マリ・ストローブ／ダニエル・ユイレ, 2003） 162, 165–166
ボヴァリー夫人 Madame Bovary（ヴィンセント・ミネリ, 1949） 99, 105
北北西に進路を取れ North by Northwest（アルフレッド・ヒッチコック, 1959） 54
骨 Ossos（ペドロ・コスタ, 1997） 167, 178, 180, 193–194

ま行

間違えられた男 The Wrong Man（アルフレッド・ヒッチコック, 1956） 40
見知らぬ乗客 Strangers on a Train（アルフレッド・ヒッチコック, 1951） 54
ミツバチのささやき El espíritu de la colmena（ビクトル・エリセ, 1973） 164–165
ムーンフリート Moonfleet（フリッツ・ラング, 1955） 10
黙示録の四騎士 Four Horsemen of the Apocalypse（ヴィンセント・ミネリ, 1961） 99, 101
めまい Vertigo（アルフレッド・ヒッチコック, 1958） 22, 32–37, 41, 46, 52, 54, 56

や行

やさしい女 Une femme douce（ロベール・ブレッソン, 1969） 23, 59
ヨーロッパ一九五一年 Europa '51（ロベルト・ロッセリーニ, 1952） 7, 11, 13, 17, 126, 138
溶岩の家 Casa de Lava（ペドロ・コスタ, 1995） 177, 188–189, 193, 197
夜の人々 They Live by Night（ニコラス・レイ, 1948） 16

ら行

リバティ・バランスを射った男 The Man Who Shot Liberty Valance（ジョン・フォード, 1962） 41
ルイ一四世の権力奪取 La Prise de pouvoir par Louis XIV（ロベルト・ロッセリーニ, 1966, 日本未公開） 131
労働者たち、農民たち Operai, contadini（ジャン＝マリ・ストローブ／ダニエル・ユイレ, 2000） 158, 165

わ行

若草の頃 Meet Me in St. Louis（ヴィンセント・ミネリ, 1944） 101, 105–109
私は見たい Je veux voir（ジョアナ・ハジトゥーマ／カリル・ジョレイジュ, 2008） 170

著　者

ジャック・ランシエール（Jacques Rancière）

1940年アルジェ生まれ。パリ第8大学名誉教授。政治思想と美学・芸術論の両面にわたって独自の哲学を展開している。邦訳された主な著書に、『不和あるいは了解なき了解――政治の哲学は可能か』（インスクリプト、2005年）、『民主主義への憎悪』（同、2008年）、『アルチュセールの教え』（航思社、2013年）、『平等の方法』（同、2014年）、『哲学とその貧者たち』（同、2019年）、『感性的なもののパルタージュ――美学と政治』（法政大学出版局、2009年）、『無知な教師――知性の解放について』（同、2011年）、『解放された観客』（同、2013年）、『詩の畝――フィリップ・ベックを読みながら』（同、2024年）、『イメージの運命』（平凡社、2010年）、『言葉の肉――エクリチュールの政治』（せりか書房、2013年）、『マラルメ――セイレーンの政治学』（水声社、2014年）、『文学の政治』（同、2023年）などがある。

訳　者

堀 潤之（ほり・じゅんじ）

1976年生まれ。映画研究、表象文化論。関西大学文学部教授。編著書に『映画論の冒険者たち』（共編、東京大学出版会、2021年）、『越境の映画史』（共編、関西大学出版部、2014年）、『ゴダール・映像・歴史――『映画史』を読む』（共編、産業図書、2001年）。訳書にレフ・マノヴィッチ『ニューメディアの言語――デジタル時代のアート、デザイン、映画』（ちくま学芸文庫、2023年）、アンドレ・バザン『オーソン・ウェルズ』（インスクリプト、2015年）、ジャック・ランシエール『イメージの運命』（平凡社、2010年）、コリン・マッケイブ『ゴダール伝』（みすず書房、2007年）、ランシエール『美学的無意識』（『みすず』2004年5月号）など。ジャン゠リュック・ゴダールやロベール・ブレッソン関連のDVD・BD付属冊子に多数寄稿。

映画の隔たり

2025年3月27日　第1刷印刷
2025年3月31日　第1刷発行

著者――ジャック・ランシエール
訳者――堀 潤之

発行人――清水一人
発行所――青土社
東京都千代田区神田神保町1-29　市瀬ビル　〒101-0051
（電話）03-3291-9831［編集］ 03-3294-7829［営業］
（振替）00190-7-192955

印刷・製本――シナノ印刷
組版――フレックスアート

装幀――宇平剛史

ISBN978-4-7917-7704-4　Printed in Japan